Dorothee L. Mella leistet als Autorin und Kommunikationsberaterin auf dem Gebiet der Farbpsychologie Pionierarbeit und hält zu diesem Thema viele Vorträge.

Deutsche Erstausgabe Januar 1991
© 1991 Droemersche Verlagsanstalt Th. Knaur Nachf., München
Das Werk einschließlich aller seiner Teile ist urheberrechtlich
geschützt. Jede Verwertung außerhalb der engen Grenzen des
Urheberrechtsgesetzes ist ohne Zustimmung des Verlages
unzulässig und strafbar. Das gilt insbesondere für Vervielfältigungen,
Übersetzungen, Mikroverfilmungen und die Einspeicherung und
Verarbeitung in elektronischen Systemen.
Titel der Originalausgabe »The Language Of Colour«
© 1988 Dorothee L. Mella
Originalverlag Warner Books, Ltd., New York
Umschlaggestaltung Manfred Waller
Umschlagfoto Zefa/Comstock
Satz MPM Wasserburg
Reproduktion
Druck und Bindung Ebner Ulm
Printed in Germany   5   4   3   2   1
ISBN 3-426-07859-7

Dorothee L. Mella:
Was Farben verraten

Farbpsychologie im Alltag

Aus dem Amerikanischen von Sophia Regen

INHALT

Herzlichen Dank all jenen, die mir halfen, mir ihr Talent zur Verfügung stellten und die SICA, die Grammatik der Farbe, erprobten.

EIN BESONDERER DANK

an alle Kunststudenten, die zur Entstehung der Farbsprache beitrugen;

an Emily, Jan und Loretta, meine ersten Partner und Mitarbeiter bei *Domel Color Communications;*

an Charlie und Michelle, meine fürsorgliche Familie;

an Betty, Irene, Judith und Frances, Kolleginnen und Mitarbeiterinnen an der SICA-Datenbank in Albuquerque, New Mexico;

an die Programmierer, vor allen Dingen an Bob Pinto;

an Karen, Louise und Jeanne für ihre Ratschläge zu dem SICA-Buch;

an Leslie Keenan für ihre hervorragende Lektoratsarbeit;

und ein spezieller Dank an Ramona, meine Mitarbeiterin und Freundin.

EUCH ALLEN WIDME ICH DIESES BUCH.

ODE AN DIE FARBE

Farben sind Elektronen

Sichtbar nehmen sie eine Oktave des elektromagnetischen Spektrums ein

Um zu uns zu gelangen, bewegen sich ihre Regenbogen-vibrationen mit Lichtgeschwindigkeit

Und doch benötigen sie kein Übertragungsmedium

Lernen wir von den Farben, denn sie sind ein Teil von uns: Geist, Auge und Empfindung

Benützen wir unsere Farben, denn sie sind unsere ganz persönliche Quelle des Universums

Dorothee L. Mella

Einführung

Farben sind mir als Künstlerin schon seit jeher wichtig gewesen. Mein spezielles Interesse an der Farbpsychologie begann jedoch erst Ende der sechziger Jahre, als ich an der Maryland School of Art and Design Malerei unterrichtete. Ich hatte damals ziemlich große Probleme mit einem Fortgeschrittenenkurs, der sich aus Studenten, ernsthaften Künstlern, Hippies, Hausfrauen und drei pensionierten Obersten zusammensetzte.

Von Anfang an war klar, daß es zwischen den einzelnen Teilnehmern Verständigungsschwierigkeiten geben würde. Es fand einfach keine Interaktion statt. Nachdem sie sich gegenseitig abgeschätzt hatten, verschanzten sie sich in den entgegengesetzten Ecken des Raumes. »Ich höre Ihnen dann zu, wenn der Kerl da drüben sich einmal die Woche den Luxus leistet zu baden«, meinte einer der Obersten zu mir und machte mir damit klar, wie es mit dieser Gruppe weitergehen würde.

Mitten in meinen Überlegungen wegen dieser Situation fiel mir ein Tagebuch des berühmten Wassily Kandinsky in die Hände. In seinen Schriften mit dem Titel *Über das Geistige in der Kunst* fand ich eine treffende Feststellung: »Die Farbe wirkt auf den menschlichen Körper. Der Mensch erzeugt mit ihr die geeigneten Vibrationen aus seinem kreativen Geist.« Diese Worte regten mich an, mit jener schwierigen Gruppe ein Experiment durchzuführen, bei dem ich die Farbe als Hauptmedium einsetzte.

Mit neuer Energie stellte ich der Gruppe die Aufgabe, sich selbst innerlich mit Hilfe von Farben auszuloten und das Ergebnis in Form eines Waldweges zu malen — ohne gegenständliche Gestaltung. »Drücken Sie Ihren Wald durch eine Farbe aus. Lassen Sie vier andere Farben damit harmonieren und vier weitere kontrastieren«, wies ich sie an. »Malen Sie keine Bäume, Felsen oder Berge, sondern verwenden Sie nur Ihre Farben.« Die Teilnehmer machten sich begeistert und konzentriert an die Arbeit und hatten zum erstenmal die anderen Gruppenmitglieder vergessen.

Für eine Gesamtbewertung der Arbeit wurden die Bilder im Zimmer ausgelegt, so daß alle sie betrachten konnten. Es war still. Plötzlich brach der Oberst, von dem ich schon erzählt habe, das Schweigen: »Dieser Hippie war doch tatsächlich in meinem Wald! Dein Bild sieht ganz genauso aus wie meins! So ein schlechter Kerl kannst du doch nicht sein, wenn du den Wald so empfindest wie ich.«

Dadurch wurde mir klar, daß etwas Wahres an Kandinskys Überlegungen sein muß: Die Farbwahl drückt tatsächlich die inneren Gefühle eines Menschen aus. Plötzlich lachten und redeten die Teilnehmer dieser Gruppe miteinander, und das bestärkte mich, meine Farbexperimente fortzusetzen.

Ich fand dabei bereitwillige Helfer. Alle Teilnehmer waren davon begeistert, was ihre Werke über sie aussagten. Wir arbeiteten noch mehrmals mit Abstrahierungen. Dann begannen wir, gemeinsam eine Sprache der Farben zu entwickeln, mit deren Hilfe sich durch die Farbwahl des einzelnen die inneren Gefühle erklären lassen.

Die erste SICA (Self-Image-Color-Analysis) bestand aus vierzig Fragen, die die Sicht des einzelnen von sich selbst darstellten. Fragen wie »Welche Farbe drückt mich aus?« oder »Welche Farbe weckt in mir Gefühle von Wärme, Kälte, Erschöpfung, Glück, Trauer usw.?« wurden nach ihren Gemeinsamkeiten und Unterschieden zueinander in Verbindung gesetzt. Die Teilnehmer werteten achthundert SICAs von Familienangehörigen und Freunden aus, und so entstanden allmählich die Anfänge einer Sprache der Farben. Natürlich wählten die Künstler und ihre Familien und Freunde ganz selbstverständlich Farben, um ihre Stimmungen, Wünsche und Gefühle auszudrücken. Andere, die sich nicht beruflich mit Kunst beschäftigten, verhielten sich eher zögernd. Bei ihnen ergaben sich jedoch einige erstaunliche Parallelen. Eher extrovertierte oder in Berufen tätige Menschen, die die ständige Selbstdarstellung nach außen verlangen, wie zum Beispiel der Beruf des Vertreters, wählten leuchtende Persönlichkeitsfarben: Rot, Orange oder Gelb. Menschen hingegen, bei deren Tätigkeit es eher auf Intuition und Aufmerksamkeit ankam, entschieden sich für kühlere Pastelltöne. Der Farbtest und die daraus resultierende bessere Selbstkenntnis sollten den Teilnehmern helfen, gewünschte Veränderungen bewußt zu beeinflussen.

Plötzlich spielten die Farben eine wichtige Rolle in meinem Leben! Ich machte mich auf die Suche nach seriösen Bestätigungen meiner Erkenntnisse über die individuellen Reaktionen auf Farben und über die Persönlichkeitsfarben. Doch in den Nachschlagewerken fand ich nicht viel, was meine Interpretationen der Farben unterstützte. Meine Künstlerkollegen halfen mir zwar bei der Beschäftigung mit dem, worüber ich da gestolpert war, aber auch sie konnten mir bei der Dokumentation meiner Arbeit nicht beistehen.

Dann machte mich einer meiner interessantesten Studenten, ein Psychiater, der sich gerade mit alternativen Methoden der Diagnose von drogensüchtigen Patienten beschäftigte, auf den Lüscher-Farbtest von Dr. Max Lüscher aufmerksam. Dieser Test wurde bis dahin nur von Ärzten verwendet. Ich war zutiefst beeindruckt, besonders, als ich selbst die Versuchsperson war. Ich hatte das Gefühl, daß der breiteren Öffentlichkeit eine vereinfachte Methode dieser Selbstanalyse zugänglich gemacht werden sollte. Die Testperson sollte dabei die Gelegenheit haben, ihre *ganz persönliche Palette* von Farben zu wählen, um ihre Gefühle auszudrücken. Warum sollte das nicht mit einem einfachen Farbsystem funktionieren, das jeden zum Künstler machte? So ließen sich Herr und Frau Jedermann porträtieren, die sich ein positives Bild ihrer selbst und ihrer Stärken vor Augen führen sollten, um damit kommunikationsfähiger zu werden. Hauptsächlich aus diesem Grund beschloß ich, meine Farbstudien weiterzuverfolgen, um so eine Sprache der Farben definieren zu können. (Wenn Sie sich für einen Farbtest interessieren, der Ihnen einen wissenschaftlichen und psychologischen Einblick in Ihre Persönlichkeit verschafft, sollten Sie sich das überall erhältliche Buch von Dr. Lüscher besorgen.) Auch auf das Leben des erwähnten Psychiaters in meinem Kurs hatte die Farbe einen bedeutenden Einfluß. Er half beim Aufbau eines ersten Fachbereichs für Kunsttherapie an einer großen Universität in der Nähe von Washington mit, in dem verschiedene Kunstformen zur Selbsthilfe erforscht und gelehrt werden sollen.

Meine Experimente mit den Farben wurden bekannt, und dies brachte mir neue Helfer, die entweder weitere SICA-Daten sammelten oder nachfragten, ob die Ergebnisse der SICA zur Lösung von Problemen in den Bereichen Farbdesign oder farbliche Gestaltung der Umgebung beitragen könnten. Aufgrund des Interesses an meinem Projekt gründete ich 1971 zusammen mit zwei Partnern aus den Gebieten Soziologie und Designkommunikation eine Beratungsgesellschaft. Wir begannen unsere Beratungen für die Industrie und Politik. Wir boten Workshops zu den Themen Selbstdarstellung durch Farbe und »Personal Design« an und gaben der SICA eine neue Struktur. Wir reduzierten die Anzahl der Fragen, wobei jedoch die Grundfragen dieselben blieben (z.B. »Welche Farbe drückt mich aus?« oder »Wenn Sie eine Farbe sein könnten, welche würden Sie dann wählen?«). Die Teilnehmer an den vielen Workshops, die aus allen möglichen Lebensbereichen kamen, erweiterten den Grundstock der SICA-Daten.

Während der letzten Jahre habe ich — neben meinen Tätigkeiten als Künstlerin, Farbanalytikerin und Farbkommunikationsberaterin — persönlich bei der Auswertung von über dreißigtausend SICAs mitgewirkt. Meine Mitarbeiter haben unermüdlich Informationen über den Nutzen der SICA gesammelt, und zwar sowohl zur Imageverbesserung als auch zur besseren Gestaltung der Umgebung. Durch die Computererfassung der Farbsprache, die viele Stunden der Ergänzung und Analyse und noch mehr Stunden der Datenverarbeitung erforderlich machte, haben wir die Zusammensetzung der Farbprofile zahlreicher verschiedener Berufe und Berufsgruppen festgestellt. Diese Porträts verschafften uns Einblick in Gruppenfarbentscheidungen, Gruppenfarbpersönlichkeiten und Gruppenfarbabneigungen — Informationen, die zur Lösung von Design- und Imageproblemen führten. Wir schlossen wirtschaftliche, rassische und religiöse Daten aus, da wir nur Auskünfte über persönliche Farbvorlieben und darüber erhalten wollten, wie man sich mit Hilfe der SICA selbst erkennen kann.

Inzwischen ist diese Sprache der Farben in der Datenverarbeitung erfaßt und von einem breiten Spektrum von Menschen erprobt worden. Der Erfolg dokumentiert sich noch immer durch die verblüffende Zahl von Dankesbriefen, die ich erhalte.

Ich habe dieses Buch auf die Bitte vieler Menschen hin geschrieben, die ihr Farbporträt selbst analysieren wollen. Ich bin der Meinung, daß die SICA dem Menschen eine gewaltige Hilfe bei der Selbsterforschung bieten kann — sozusagen eine offene Tür zum Gespräch mit sich selbst. In uns liegt das Potential, das zu sein, was wir sein wollen. Oft fehlt nur das richtige Instrument, um den entsprechenden Weg einzuschlagen. Wir sind alle in der einen oder anderen Weise Künstler und schaffen und präsentieren uns täglich von neuem. In einer Welt voll neuer Medien und Botschaften braucht jeder von uns ein starkes Gefühl der eigenen Persönlichkeit und des Selbstwerts. Oft hindert uns die Umwelt mit ihrem Überangebot an Eindrücken daran, unsere individuellen Begabungen zu erkennen. Durch Selbstkenntnis kommen wir zur Akzeptanz unser selbst, werden kreativer und leisten so einen wertvollen Beitrag zum Dasein in der Gemeinschaft.

Ich hoffe, daß Sie, genau wie Tausende anderer Menschen vor Ihnen, die die SICA erprobt haben, Spaß daran haben werden, mit Ihren Farben zu spielen. Nutzen Sie das Wissen und erhalten Sie so mehr Kraft in Ihrem Leben!

I

Farben,
ein Ausdruck Ihres Ich

1

Die Faszination der Farben

Die Wirkung der Farben auf unseren Geist und Körper gewinnt immer mehr an Interesse. Wissenschaftliche Untersuchungen haben erwiesen, daß Rot den Blutdruck in die Höhe treibt und den Puls und die Atmung beschleunigt. Blau hingegen verringert die körperliche Aktivität und regt den Geist an. Diese Erkenntnisse werden heute bereits in erheblichem Ausmaß von der Mode- und Werbebranche genutzt. Ist Ihnen beispielsweise schon einmal aufgefallen, daß die großen Fast-Food-Ketten meist energiereiche Farben wie Orange in ihren Restaurants verwenden? Orange regt nicht nur den Appetit kräftig an, sondern kann im Betrachter auch Ungeduld und Unruhe erzeugen, so daß der Kunde zum raschen Konsum angetrieben wird. Männer erinnern sich immer an die »Frau in Rot«, weil dieser Farbton den stärksten und längsten Strahl im sichtbaren Spektrum erzeugt und so einen nachhaltigen Eindruck auf der Netzhaut hinterläßt — ganz zu schweigen natürlich davon, daß er auch die Gefühle zum Überkochen bringt! Grün liegt in der Mitte des Spektrums und übt eine ausgleichende, beruhigende Wirkung aus. Diese Farbe kann sogar eine Überanstrengung der Augen lindern, besonders bei minzgrünen Tönen, die man in Krankenhäusern oft in den Operationssälen oder den Rekonvaleszentenzimmern findet. Sind Ihnen schon einmal die gelben Handzettel in der Werbung aufgefallen, die Ihnen täglich ins Haus flattern? Diese anregende Farbe wird bewußt als Blickfang eingesetzt. In vielen modernen Büros und Geschäftsräumen treffen Sie auf Malven- oder Violettöne. Handelt es sich dabei nur um eine vorübergehende Mode oder um eine Revolution — ein Zugeständnis an die wachsende Anzahl sensibler Frauen im Berufsleben? In den sechziger Jahren wurden Violett- und Purpurtöne mit bewußtseinsfördernden Entwicklungen assoziiert. In den Achtzigern spiegelt die verbreitete Verwendung von Malventönen möglicherweise tatsächlich die Einbeziehung der Intuition in den Arbeitsbereich wider. Der psychologische Einsatz von Farben nimmt von Tag zu Tag zu. Wir müssen uns heute des starken Einflusses der Farbenergien bewußter werden.

Was ist Farbe, und warum ist sie wichtig? Diese faszinierende Frage reizt uns immer wieder aufs neue. Farbe ist reflektiertes Licht. Wir empfinden und sehen sie mit Hilfe unserer Augen, unserer Sinne und unseres Geistes. Der Mensch kann vierzig Prozent der Lichtstrahlenergie als sichtbares Spektrum, den Regenbogen der Farben, wahrnehmen. (Viele glauben, daß sich unsere Farbsensibilität vergrößert, weil wir immer stärker auf unsere Empfindungen achten. Vielleicht werden wir in der Zukunft sogar einmal Farben wahrnehmen können, die wir heute noch gar nicht kennen.) Alle Schwingungen elektromagnetischer Energie strahlen von der Sonne zu uns aus. Wenn sie bei uns angelangt sind, dringen sie durch unsere Pupillen und unsere Haut in uns ein und senden sofort Signale an unser Gehirn. Wenn wir uns sonnen, nimmt unser Körper Sonnenenergie auf. Dieselbe Energie in geringerer Intensität sind die Farben. Farben regen eine emotionale und geistige Reaktion auf das an, was unsere Augen und unser Körper wahrnehmen. In allen leuchtenden, warmen Farben steckt ein hohes Maß an Energie, weil sie die längsten Strahlen des sichtbaren Lichtspektrums sind. Das gilt nicht für die kühleren Blau-, Violett- und

Pastelltöne, die weniger langwellig und intensiv sind. Unser Gehirn reagiert auf jedes schwingende Farbelektron und nimmt die gebotenen Wahrnehmungen an oder lehnt sie ab. Farbe ist also eine Wahrnehmung des Lichts. Farbe ist eine Quelle passiver Sonnenenergie.

Im Laufe der Geschichte haben sich zahlreiche hervorragende Wissenschaftler damit beschäftigt, den Prinzipien von Farbe und Licht auf die Spur zu kommen. Sir Isaac Newton entdeckte im siebzehnten Jahrhundert das sichtbare Spektrum und stellte dar, wie sich das Licht in Wellenlängen von Strahlungsenergie bricht. Er gab der Wissenschaft eines ihrer wichtigen Hilfsmittel zur Erforschung des Universums an die Hand, indem er einen Lichtstrahl durch ein Prisma schickte und so den ersten Regenbogen innerhalb eines Zimmers erzeugte. (Eine Nachahmung von Newtons Prisma, das moderne Spektroskop, enthüllt die Eigenschaften der Materie. Kein anderes Gerät hat bisher exakter den Aufbau unserer Galaxie dargestellt.) In seinem berühmten Werk *Opticks* arrangierte Newton seine Farbtöne zum ersten Farbenkreis und erklärte so das Phänomen der Lichtbrechung und Interferenz, der Lichtbeugung. Diese Entdeckung erwies sich als Grundlage der Strahlenphysik. Wo Farben früher verwendet wurden, um die Rätsel des Universums zu symbolisieren, dienten sie nun dazu, diese zu enthüllen.

Albert Einstein, der wohl berühmteste Physiker der Neuzeit, erweiterte unsere Kenntnisse durch sein Wissen über das gesamte Spektrum elektromagnetischer Energie — des Lichts und wie sich dieses durch das Universum fortbewegt. Ohne Einsteins genialen Geist könnten wir die Lichtgeschwindigkeit nicht messen und wüßten nichts über Wellenlängen. Dank seiner Bemühungen läßt sich unser Universum intensiver erforschen und verstehen. Telefon, Radio, Satelliten, Röntgenstrahlen, Computer, Gammastrahlen und kosmische Strahlen wie

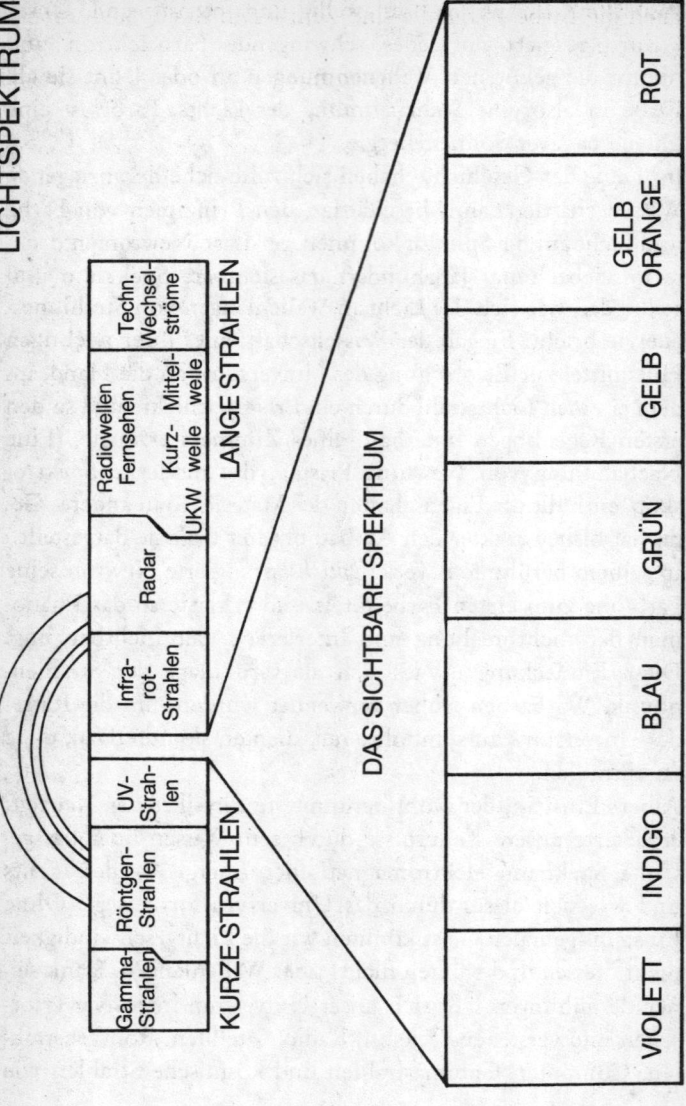

LICHTSPEKTRUM

KURZE STRAHLEN

- Gamma-Strahlen
- Röntgen-Strahlen
- UV-Strahlen
- Infra-rot-Strahlen

LANGE STRAHLEN

- Radar
- Radiowellen Fernsehen
- UKW
- Kurz-welle
- Mittel-welle
- Techn. Wechsel-ströme

DAS SICHTBARE SPEKTRUM

| VIOLETT | INDIGO | BLAU | GRÜN | GELB | GELB ORANGE | ROT |

auch die Farbe — sie alle sind zum festen Bestandteil unseres Lebens geworden.

Künstler, Musiker und Philosophen wie zum Beispiel Leonardo da Vinci, Kandinsky, Goethe, Scriabin, Steiner oder Rimskij-Korsakow haben Theorien über das Verhältnis von Farbe, Musik und der Seele des Menschen entwickelt. In dem von F. Lanier Graham herausgegebenen *Rainbow Book* sind mehrere Artikel über die klassische und moderne Physik des Spektrums zu lesen: über Licht, Farbe, Musik und die Sterne. Ein Thema zieht sich durch alle dargestellten Thesen: Die Farbe verhält sich zum Sehen wie der Ton zum Hören; bei beidem handelt es sich um Schwingungen. Als Energiewellen unterliegen beide der Reflektion, Beugung, Brechung und Interferenz. Die physikalischen Phänomene Intensität, Frequenz und Wellenlänge erzeugen in uns bei der Musik Wahrnehmungen der Lautstärke, Tonlage und des Klanges, bei der Farbe ein Bewußtsein der Intensität, des Farbtones und der Farbnuance.

Farben hatten in den unterschiedlichsten Kulturen schon seit jeher symbolische Bedeutung. Wir wissen aus Hieroglyphenaufzeichnungen, daß die Ägypter den Sonnenfarben große Bedeutung beimaßen. Und anhand archäologischer Funde in verschiedenen Teilen der Welt haben wir entdeckt, daß im Altertum mystische Farbpersonifikationen existierten. Sie repräsentierten Tag, Nacht, Geburt, Leben, Tod, Wasser und vieles mehr. Obwohl die Farbschattierungen noch nicht so vielfältig waren wie heute, wurden sie auch zur Darstellung des Menschen selbst sowie seines Verhältnisses zu seinen Göttern und Handlungen, seinem Geist und Körper und der Erde herangezogen. Eine alte ägyptische Papyrosrolle zeigt sogar eine Heilmethode, die sich der Farbe Rot bediente. In China hatte der Kaiser ein Monopol auf die Farbe Gold. Die Römer experimentierten mit »pompejanischem Rot«; die Griechen schmückten ihre Gewänder und Ornamente mit reichlich

Smaragdgrün und Pfauenblau. Wurden die Griechen so stark von den Farben der See beeinflußt, weil sie am Meer lebten? Legten die Römer so großen Wert auf die Farbe Rot, weil Vergnügungen und körperliches Wohlbefinden bei ihnen so wichtig waren? Und wünschten die chinesischen Herrscher sich Pracht und Größe, die das Gold symbolisierte?

Die Farbgeheimnisse aller Kulturen im Laufe der Geschichte darzustellen, würde ein eigenes Buch füllen. Die Farbe gehört zu den faszinierendsten Themen der Vergangenheit. Sie bildet den Schlüssel zu fast allen Studiengebieten, von der Mythologie, Anthropologie und Architektur bis zur Naturwissenschaft, Medizin und Psychologie. Sie alle beinhalten zahlreiche Informationen zur Anwendung der Farben, die sich manchmal zwar nicht erklären läßt, aber trotzdem immer erregend und interessant bleibt.

Die Geschichte der Farben ist gleichzeitig eine Geschichte der Menschheit. Faber Birrens Buch *Color, A Survey in Words and Pictures, From Ancient Mysticism to Modern Science* bietet einen hervorragenden Einblick in die Auffassung früher Kulturen von der Geschichte der Farbe. Die Farbe fasziniert uns nach wie vor, sei es nun in Form der rätselhaften, etwa zwanzigtausend Jahre alten Höhlenmalereien in Spanien und Frankreich, wo die Jagdzüge unserer Vorfahren durch mineralische Pigmente in lebhaften Farben geschildert werden, oder in den komplexen Lasergraphiken, die sich ebenfalls des Lichts bedienen.

Die frühesten Farben und Farbstoffe wurden aus organischen Naturprodukten erzeugt. Josephus, ein jüdischer Historiker des ersten Jahrhunderts, berichtet über die Herstellung von Blautönen aus dem Edelstein Lapislazuli, von Rottönen aus der Koschenille, einer Schildlausart, und von Gelbtönen aus schwefelhaltigen Böden und Chrommineralien. Lila stammte von Muscheln, Braun aus eisenhaltigen Lehmen, Weiß aus Kreide und Kalk und Schwarz aus verbrannten Knochen und

Elfenbein. Diese Farben wurden in den frühen Kulturen zum Töpfern, Malen, Weben sowie zur Verzierung des häuslichen Geräts und sogar des menschlichen Körpers verwendet.

Im neunzehnten Jahrhundert machte die Entwicklung von Pigmentfarben durch die Erfindung des achtzehnjährigen Henry Perkins einen großen Schritt vorwärts. Er entdeckte die Anilinfarben, die aus Kohlenteer und Kohlenstoffverbindungen erzeugt wurden. Das führte dazu, daß die chemischen Möglichkeiten die alten organischen Färbemethoden ersetzten. Die moderne Chemie kombiniert heute Tausende von komplexen Kohlenstoffverbindungen und schafft so eine fast unerschöpfliche Vielfalt von Pigmentfarben.

Die Farben üben je nach Ton und Schattierung, die vom Pigmentfarbstoff abhängen, unterschiedliche Energien auf uns aus. Diese Wirkung äußert sich als warm, kühl, schwach, stark, intensiv oder beruhigend. Die leuchtenden Primärfarben strahlen höhere, wärmere und stärkere Energie aus als die weichen, schwächeren, kühleren Pastellfarben. Manche Farben sind so grell, daß sie fast schon unangenehm wirken, während andere so fahl aussehen, daß sie nahtlos in unseren eigenen Hautton übergehen. Manche wärmen uns, wenn uns fröstelt, andere langweilen uns durch ihre Eintönigkeit. Modeschöpfer empfehlen uns immer wieder den richtigen Einsatz von Farben für eine optimale optische Erscheinung.

Natürlich beeinflußt die Reaktion auf Farben viele Bereiche unseres Lebens, die nicht unbedingt nur etwas mit der persönlichen Kleidung zu tun haben. Historische Farbtendenzen könnten uns vielleicht ein neues Verständnis für den Zeitgeist verschaffen. Berichte über den Einsatz von Farben im Warenhandel des zwanzigsten Jahrhunderts erläutern, daß in den Vereinigten Staaten seit den dreißiger Jahren eine merklich stärkere Verwendung von Rot in Kriegszeiten und von Hellblau, Grau, Schwarz und Braun in Perioden wirtschaftlichen

Drucks zu beobachten ist. Interessanterweise haben Kunsthistoriker, die sich mit der Mode unmittelbar vor der Französischen Revolution befaßt haben, festgestellt, daß die damals gängigen Farben und Formen Ähnlichkeiten mit denen der »Blumenkindergeneration« in den sechziger Jahren unseres Jahrhunderts aufwiesen.

Die Farbwahl wird unter Umständen zu einem Indikator der allgemeinen Stimmung in Zeiten der Veränderung. Betrachten wir nur einmal die Bluejeans. Sie kamen in Mode, als die amerikanische Jugend in ihrer Sorge über den Vietnamkrieg ihr Sicherheitsbedürfnis und gleichzeitig ihren Wunsch nach einer stärkeren Darstellung als Gruppe ausdrückte. Parallel zur wachsenden Verantwortung der Vereinigten Staaten in der Welt wurde Dunkelblau allmählich zur vorherrschenden Farbe der Manager. Die Farben der sogenannten »Punk-Rock-Generation« bedeuten unter Umständen den Wunsch nach Aufmerksamkeit. Die Malventöne repräsentieren das Bedürfnis nach einer neuen Sensibilität im Geschäftsleben, und die intensiven Farben der achtziger Jahre sind vielleicht auf die allgemeine Sehnsucht nach größerer künstlerischer Kreativität zurückzuführen.

Unzählige psychiatrische Studien haben zur Entwicklung der Kunsttherapie geführt, die Farben und Formen als Heilmittel verwendet, um den Patienten zu helfen, ihre verborgenen Gefühle auszudrücken. Wie ich bereits in der Einführung erwähnt habe, entwickelte Dr. Max Lüscher, ein Schweizer Psychologe, Ende der sechziger Jahre einen der bekannteren Tests zur Diagnose des Gemütszustandes von Patienten. Sein Buch mit dem Titel *Der Lüscher-Test* war ursprünglich nur für ein Fachpublikum gedacht. Darin werden Farbkarten psychometrisch in Serien freier Wahl ausgelegt, um die psychologische Struktur eines Menschen festzustellen.

Der Erfolg von *Color Me Beautiful* bezeugt die Tatsache, daß viele Menschen ihr persönliches Verhältnis zu Farben verstehen wollen und außerdem praktische Ratschläge zu deren Anwendung suchen. Das Buch ging von außen an diese Frage heran und bot dem Leser Mode- und Schönheitstips, die auf der Theorie von den »saisonalen Typen« und den für sie vorteilhaftesten Farben basierten. Ich hatte das große Vergnügen, Carole Jackson, die temperamentvolle Autorin von *Color Me Beautiful*, im Jahre 1981 während einer Geschäftsreise in den Norden von Virginia kennenzulernen. Ihr Buch bietet meiner Ansicht nach ein hervorragendes Farbsystem, das Anregungen gibt, wie man attraktiver werden kann. Es hat bereits Millionen von Männern und Frauen geholfen, besser auszusehen und sich wohler zu fühlen, indem sie die richtigen Farbkombinationen zu ihrer Haut-, Augen- und Haarfarbe wählten. Caroles Charme und ihre aparte Kleidung beweisen, daß sie etwas von ihrem Metier versteht. Natürlich war sie als Kollegin neugierig auf die SICA, die sie dann auch an sich selbst erprobte. Bei meiner nächsten Reise an die Ostküste nahm sie an einem zehnwöchigen Seminar über die kommunikativen und Selbsthilfeeigenschaften der Farben teil, das ich dort abhielt. Obwohl sie sich bereits hervorragend auf dem Gebiet Farbe und Mode auskannte, interessierte sie sich immer mehr für die Möglichkeiten, die die Farben bei der Selbsterforschung und beim Selbstausdruck boten. Sie versprach, meine Arbeit zu unterstützen, wo immer sie konnte. Ein Jahr später traf ich diese dynamische Dame wieder. Sie hatte mich als Gastreferentin zu einem Ausbildungsseminar für ihre nationalen Farbberater eingeladen. Sie bot mir so die Möglichkeit, die SICA an den Anwesenden zu erproben. Auch heute arbeiten wir parallel an der Verschönerung des inneren und äußeren Menschen durch die Farben. Die Farben bleiben weiterhin unser Medium der Verständigung und des Gedankenaustausches.

In anderen Bereichen des Farbenbewußtseins empfehlen Praktizierende der New-Age-Methoden Farben als Energiebehandlung zum Zweck der geistigen und körperlichen Orientierung und Balance. In ganz Amerika wächst offenbar das Interesse an den Erkenntnissen, die diese Selbsthilfelehrer vermitteln. Egal, wie die jeweilige Theorie oder Praxis auch aussehen mag — zu spüren ist jedenfalls der kaum zu erfüllende Wunsch nach einer Weiterentwicklung der eigenen Persönlichkeit mit Hilfe der Farben.

Die SICA soll das intuitive Bild, das der Betreffende von sich selbst hat, enthüllen. Die individuelle Wahrnehmung sowie die persönlichen Vorlieben für bestimmte Farben setzen bereits im Alter von etwa zwei Jahren ein — auch wenn die späteren Lieblingsfarben sich möglicherweise beträchtlich von denen des Kindes unterscheiden. Die Präferenzen für und Abneigungen gegen gewisse Farben entstehen und wandeln sich mit den Erfahrungen. Im Erwachsenenalter bedeuten Vorlieben für spezielle Farben eine wirkliche Information über unser Inneres. Die persönliche Farbwahl hat eine eigene Sprache der Gefühle entwickelt: Vitalität, Bedürfnisse, Motivation, Sicherheit und Erfüllung.

Die SICA macht Spaß. Durch sie kann man auf billige Weise mehr über sich selbst erfahren. Es gibt dabei keine richtigen oder falschen Antworten. Sie können also keine Fehler machen. Die SICA kann Ihnen lediglich ein nonverbales Selbstporträt präsentieren, dem Sie zustimmen können oder auch nicht. Dies kann Ihnen bereits sehr wohl zeigen, wie Sie sich selbst sehen.

Ich werde Ihnen in diesem Buch genau erklären, wie die SICA durchzuführen ist. Sie werden Spaß bei der Auswahl der Farben haben. Vielleicht haben Sie schon bald Lust, die Antworten zu notieren oder zu malen. Stellen Sie sich vor, Sie sind ein Künstler, der ein Selbstporträt malen will.

Suchen Sie sich, bevor Sie mit der SICA beginnen, einen Raum, in dem Sie genügend Platz haben und nicht abgelenkt werden. Wählen Sie für jede der Fragen eine Farbe, oder besorgen Sie sich eine Schachtel mit vierundzwanzig Buntstiften, die Sie gut sichtbar vor sich ausbreiten. Das Wichtigste: Denken Sie über Ihre jeweilige Farbwahl nicht zu lange nach — spontane Entscheidungen sind der Schlüssel zu genauen Deutungen. Lassen Sie sich von Ihrer Intuition leiten! Wählen Sie bei der Beantwortung der Fragen wirklich nur jeweils *eine* Farbe pro Kreis. Nachdem Sie all Ihre Farben ausgewählt haben, sind Sie in der Lage, Ihr eigenes Bild zu interpretieren und so vielleicht einige noch verschlossene Türen zur Motivation und Förderung der eigenen Persönlichkeit aufzustoßen.

Die SICA ist in zwei Teile gegliedert: Ihr persönliches Selbstporträt und die Gestaltung Ihrer persönlichen Umgebung. Das Porträt wird zu Beginn des Buches erstellt. Wenn Sie sich selbst erkennen, können Sie auch immer die richtigen Kleidungs- oder Gestaltungsfarben für den jeweiligen Zeitpunkt oder Anlaß wählen.

Vielleicht wollen Sie die Farben für die persönliche und die gestalterische SICA gleichzeitig aussuchen — lassen Sie sich nicht abhalten! Sonst gehen Sie einfach Schritt für Schritt vor. Wenn Sie zu einem bestimmten Zeitpunkt nur schnell Erkenntnisse über sich selbst gewinnen wollen, beschränken Sie sich einfach auf Ihr persönliches Porträt. Denken Sie daran: Ihre Farbauswahl verändert sich zusammen mit Ihnen. Wenn Sie sich in neue Gebiete vorwagen, entscheiden Sie sich vielleicht für eine Farbe, die Sie noch nie benutzt haben. Wenn Sie dagegen nur die Farben Ihrer Umgebung verändern wollen, brauchen Sie lediglich die SICA-Fragen zu den Farben und der Umgebung beantworten.

Es stehen Ihnen die primären Regenbogenfarben, achromatische Farben wie Weiß, Schwarz oder Grau sowie Braun zur Verfügung. Daneben gibt es noch Gold und Silber. Vielleicht würden sich manche von Ihnen eine breitere Palette von Farben wünschen. Machen Sie sich aber nicht zu viele Gedanken über die genaue Schattierung oder Nuance, denn je intuitiver und spontaner Sie sind, desto genauer sind Ihre Ergebnisse.

2

Ihr Selbstporträt

Sie sind jetzt bereit, mit Ihrer SICA zu beginnen. Diese gliedert sich in zwei Teile, Diagramm I und II, und hilft Ihnen, den Eindruck zu erkennen, den andere von Ihnen haben und wie Sie selbst dazu stehen. Sie haben zwanzig Farben zur Auswahl. Sie können, wenn Ihnen das lieber ist, die Kreise mit Ihren eigenen Farbstiften, Leuchtmarkern oder Wachsmalkreiden ausfüllen. Es ist letztlich egal, wie Sie Ihre Farben auswählen — solange Sie nur eine *einzige* Farbe pro Antwort aussuchen. Sie erhalten keine Sonderpunkte für besonders schönes Malen. Wichtig ist nur, daß Sie an der SICA Freude haben. Natürlich geht es am einfachsten, wenn Sie sich Ihre Farben aus unserer Palette auswählen. Beantworten Sie alle Fragen mit einer Farbe! Schwarz, Weiß, Grau, Braun, Silber und Gold sind zwar keine Regenbogenfarben, aber ich habe sie trotzdem aufgenommen, weil sie bestimmte Bedeutungen zulassen. Ich weiß, daß es den Farbsensiblen unter Ihnen schwerfallen wird, sich auf zwanzig Farben zu beschränken, aber leider konnte ich in dieses Buch nicht alle Schattierungen aufnehmen. Die grundsätzliche Farbbedeutung verändert sich in den verschiedenen Nuancen nicht wesentlich. Sollten Sie eine Farbe wünschen, die nicht in unserer Palette enthalten ist, wählen Sie die Farbe aus, die Ihrer gewünschten am nächsten liegt. Wenn Sie gerne Tiefrot hätten, nehmen Sie Kastanie; bei Rost- oder Backsteinfarben müssen Sie sich zwischen

Orange und Braun entscheiden. Bei der Deutung Ihrer Farbwahl lesen Sie einfach zum besseren Verständnis die Interpretationen zu beiden Farben. In schwierigen Fällen, wie z. B. bei Pflaume, wählen Sie zwischen Rosa und Lila. Bei Beige lesen Sie am besten die Bedeutung von Braun; bei Elfenbein von Weiß und dann von Gelb, um eine genauere Interpretation zu erhalten.

Vergessen Sie nicht, daß sich Ihre Farben mit Ihrer Veränderung auch verändern. Während Ihr grundlegendes Selbstporträt (Ihre *Persönlichkeitsfarbe*) wahrscheinlich im wesentlichen gleich bleiben wird, herrscht bei den anderen Farben mehr Bewegung. Sie ändern sich vielleicht sogar von einem Tag auf den anderen. Deshalb sollten Sie den Test häufiger machen, besonders in Zeiten hoher Belastung.

Denken Sie daran, *nicht allzu analytisch* zu sein, seien Sie spontan! Lassen Sie sich von Intuition und Phantasie leiten. Verwenden Sie für jede Antwort nur eine Farbe. Lesen Sie jede Frage sorgfältig; stellen Sie sich dann schnell eine Farbe vor und antworten Sie sofort. Wenn Sie bei jeder Frage zu lange nachdenken, fallen Ihre Antworten nicht so genau aus, wie sie sein sollten. Sie sind der/die Künstler/in, also folgen Sie Ihrer Eingebung!

ROT	HELLBLAU
ROSA	DUNKELBLAU
KASTANIE	MALVE
ORANGE	LILA
PFIRSICH	BRAUN
GELB	SCHWARZ
MINZGRÜN	WEISS
APFELGRÜN	GRAU
GRÜN	SILBER
BLAUGRÜN (Türkis)	GOLD

SICA-FRAGEN FÜR DIAGRAMM I

Auf den folgenden Seiten finden Sie die Fragen zum Diagramm I und den Kreisen 1 bis 7. Jeder Frage entspricht ein numerierter Kreis. Wählen Sie für jede Frage die entsprechende Farbe und tragen Sie sie in den jeweiligen Kreis ein. Sie können alle Farben so oft verwenden, wie Sie wollen (besonders, wenn es sich um Ihre Lieblingsfarbe handelt).

Diagramm I soll dazu dienen, mit Hilfe der Sprache der Farben Ihr kommunikatives Porträt zu entwerfen: Wie Sie sich selbst und wie andere Sie sehen. Es wird Ihnen Einsichten darüber verschaffen, wie Sie Ihre eigene Persönlichkeit, Ihre Stärken und die Eigenschaften, die Sie an anderen schätzen, bewerten. In Gesellschaft von Menschen, die Ihr eigenes Bild ergänzen, erkennen Sie, welchen Teil von sich selbst Sie lieber nicht zeigen. Und wichtiger: Diagramm I wird Ihnen anhand Ihrer Farbwahl verdeutlichen, was Ihrer ganz persönlichen Kommunikationsstruktur zugrunde liegt und wie diese erweitert werden kann.

1. **Wenn ich eine Farbe wäre, welche Farbe wäre ich dann?**
   (Welche Farbe repräsentiert Sie am besten? Dabei geht es nicht um die Farbe, die Sie am häufigsten tragen, sondern um eine Farbe, die Ihr Wesen ausdrückt.)

2. **Welche Farbe paßt zu dieser Farbe?**
   (Stellen Sie sich eine Farbe vor, die Ihre Persönlichkeitsfarbe anregt oder weiterentwickelt.)

3. **Welche Farbe vereint diese Farben zu einer gemeinsamen Wirkung?**
   (Welche Farbe würden Sie als Designer wählen, um Ihre ersten beiden Farben in einem Farbenband zu vereinen?)

SICA-SELBSTPORTRÄT
TEIL I

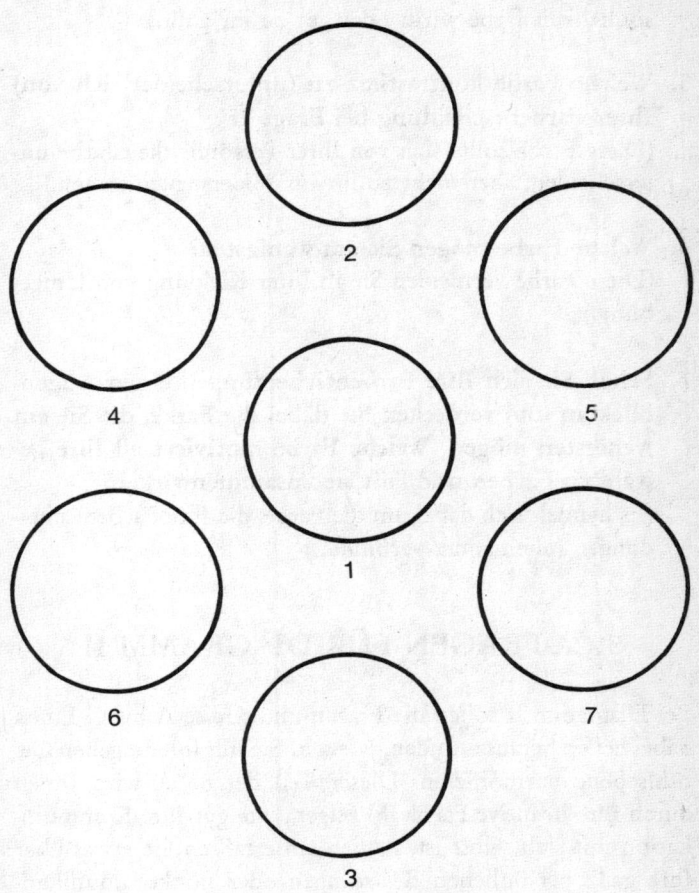

4. **Welche Farbe harmonisiert (hat etwas gemeinsam) mit Ihrer Wahl von Frage 1?**
(Denken Sie an eine Farbe, die komplementär zu Ihrer Persönlichkeitsfarbe wirkt oder gut zu ihr paßt.)

5. **Welche Farbe kontrastiert zu (unterscheidet sich von) Ihrer Farbentscheidung bei Frage 1?**
(Diese Farbe sollte sich von Ihrer Persönlichkeitsfarbe unterscheiden, aber nicht zu ihr im Widerspruch stehen.)

6. **Welche Farbe mögen Sie am wenigsten?**
(Diese Farbe vermeiden Sie in Ihrer Kleidung und Umgebung.)

7. **Sehen Sie sich Ihre Farbentscheidungen einen Augenblick an und verdecken Sie dabei die Farbe, die Sie am wenigsten mögen. Welche Farbe motiviert all Ihre gewählten Farben und läßt sie zusammenwirken?**
(Es handelt sich dabei um die Farbe, die Ihre Farbentscheidungen miteinander verbindet.)

SICA-FRAGEN FÜR DIAGRAMM II

Bei Diagramm II sollen die Fragen und Kreise A bis G Ihnen dabei helfen herauszufinden, wie sehr Sie mit Ihrer eigenen Gefühlsebene harmonieren. Dieser Teil der SICA wird Ihnen durch Ihre intuitive Farbwahl zeigen, wie gut Ihre Kommunikation mit sich selbst ist. Außerdem erfahren Sie etwas über Ihre ganz persönlichen Belastungen oder nonkommunikativen Bereiche, und Sie sehen, was Sie zur Verbesserung und größeren Zufriedenheit tun können. Fällen Sie Ihre Farbentscheidungen also so intuitiv wie möglich! Lesen Sie die Fragen, und

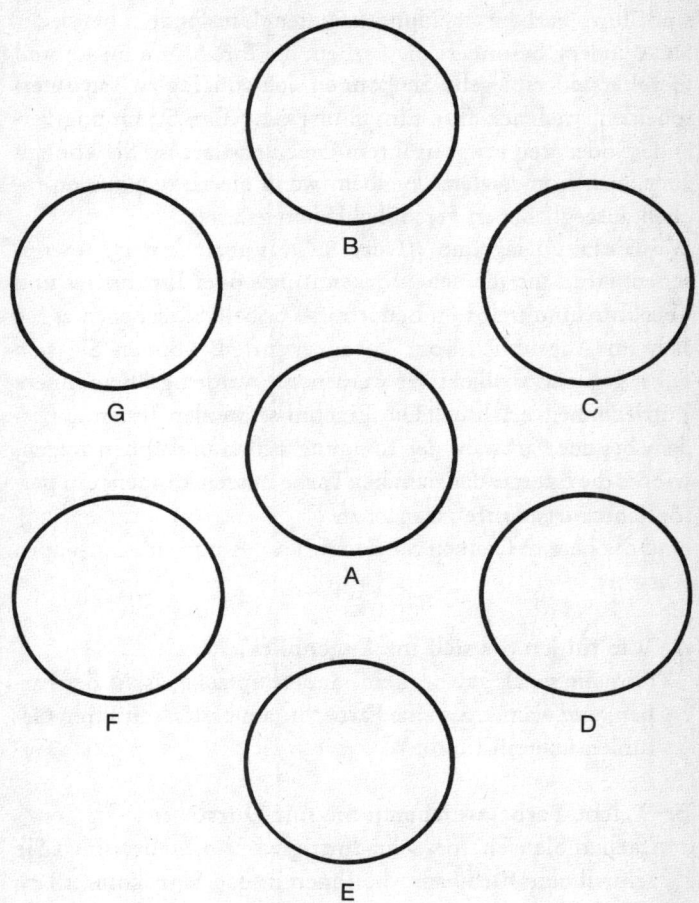

reagieren Sie mit Ihrer Farbenwahl sofort, um ein möglichst genaues Ergebnis zu erhalten.

Ihre Farben verändern sich zusammen mit Ihnen. Deshalb sind Ihre Farbentscheidungen unter Umständen bei jeder SICA anders, besonders die Farben, die Ihre Stimmungen und Gefühle widerspiegeln. Sie können sich von Tag zu Tag unterscheiden, weil sich Ihre Einstellung oder Ihre Stimmung verändert oder weil etwas in Ihrem Leben passiert ist. Sie können aber auch immer gleich bleiben, wenn Sie zu den ausgesprochen ausgeglichenen Persönlichkeiten gehören.

Was Sie am Diagramm II der SICA wahrscheinlich überraschen wird, sind die neuen Erkenntnisse über Ihr Inneres und über Ihre unmittelbaren Bedürfnisse. Sobald Sie sehen, was Sie sich im Augenblick vom Leben erwarten, können Sie sich selbst gegenüber objektiver werden. Sie werden größere innere Zufriedenheit erfahren. Die Ergebnisse werden Ihnen außerdem bei der Farbwahl der Kleidung helfen und Ihnen zeigen, wie Sie die Energie der richtigen Farbe nutzen können, um persönliche Fortschritte zu machen.

Sind Sie bereit? Denken Sie daran: Jeweils nur eine Farbe pro Antwort.

A. Wie fühlen Sie sich im Augenblick?
(Tun Sie so, als gäbe es keine andere Sprache als die der Farben, und wählen Sie eine Farbe, die am besten mit Ihren Gefühlen übereinstimmt.)

B. Welche Farbe assoziieren Sie mit Durst?
(Stellen Sie sich vor, sehr durstig zu sein, und wählen Sie schnell eine Farbe aus, die Ihnen in den Sinn kommt.)

C. Welche Farbe kommt Ihnen sofort in den Sinn, wenn Sie an etwas Süßes denken?

(Sie können mit dieser Wahrnehmung verbinden, was Sie wollen, aber nennen Sie jedenfalls die Farbe.)

D. Welche Farbe kommt Ihnen bei der Empfindung einer rauhen Oberfläche in den Sinn?
(Wählen Sie eine Farbe, die für Sie diese Sinneswahrnehmung wiedergibt.)

E. Wählen Sie Ihre beruhigende Farbe.
(Schließen Sie die Augen, und stellen Sie sich eine Farbe vor, die Sie beruhigt und entspannt.)

F. Welche Farbe stellt am besten das emotional tiefgreifendste Erlebnis dar, das Sie in letzter Zeit gehabt haben?
(Erinnern Sie sich einen Augenblick lang daran, wie Sie sich dabei gefühlt haben, und wählen Sie eine Farbe, die dieses Gefühl am besten wiedergibt.)

G. Sie haben gerade etwas sehr Angenehmes erfahren! Sie empfinden großes Glück und große Freude. Welche Farbe würden Sie wählen, um dieses Gefühl auszudrücken?

Sie haben jetzt beide Teile der Selbstporträt-SICA gemacht: Diagramm I, Ihr *kommunikatives Image,* und Diagramm II, Ihr *intuitives, empfindsames* Ich. Es gibt keine richtigen oder falschen Antworten, und Sie haben keine Fehler gemacht. Schließlich sind Sie der Künstler, der sein Bild von sich in Farben ausgedrückt hat. Wir wollen jetzt interpretieren, wie Sie sich selbst sehen. *Viel Spaß!*

DEUTUNG DES SELBSTPORTRÄTS

Die Antwort auf Frage 1 zeigt Ihnen Ihre Farbpersönlichkeit. Die Farbe, die Sie gewählt haben, gibt Ihnen Aufschluß über den bewußten Bereich Ihres Ich, den Sie auch den andern vermitteln. Lesen Sie sie, und gehen Sie dann weiter zu den Kreativprofilen, um bessere Erkenntnisse über die Bedeutung der von Ihnen ausgesuchten Farbe zu gewinnen. Diese Farbwahl zeigt einige Ihrer kommunikativen Stärken auf.

FARBE 1   *Ihre Persönlichkeitsfarbe bezieht sich auf Ihre Einschätzung Ihrer eigenen Stärken.*

Sie sehen sich selbst als:

ROT   ehrgeizig, energisch, mutig, extrovertiert;

ROSA   liebevoll, zärtlich, mitfühlend, verständnisvoll;

KASTANIE   sinnlich, emotional, gesellig, übersensibel;

ORANGE   kompetent, aktiv, organisiert, ungeduldig;

PFIRSICH   sanft, gütig, geschickt, enthusiastisch;

GELB   kommunikativ, mitteilsam, gesellig, offen für Menschen;

MINZGRÜN   bescheiden, verständnisvoll, beherrscht, gutmütig;

APFELGRÜN   innovativ, abenteuerlustig, eigenständig, wechselhaft;

GRÜN   gutmütig, menschlich, hilfsbereit, analytisch;

BLAUGRÜN (Türkis)	idealistisch, treu, sentimental, einfallsreich;
HELLBLAU	kreativ, aufmerksam, phantasievoll, analytisch;
DUNKELBLAU	intelligent, zupackend, verantwortungsbewußt, selbständig;
MALVE	empfindlich, zurückhaltend, sensibel, motivierend;
LILA	intuitiv, voller Glück, würdevoll, vergeistigt;
BRAUN	ehrlich, bodenständig, unterstützend, organisiert;
SCHWARZ	diszipliniert, willensstark, unabhängig, rechthaberisch;
WEISS	individualistisch, egozentrisch, einsam, ohne großes Selbstwertgefühl;
GRAU	passiv, unverbindlich, überbelastet;
SILBER	ehrbar, ritterlich, zuverlässig, romantisch;
GOLD	idealistisch, edel, erfolgreich, hohe Ideale.

KREATIVPROFILE

Im folgenden sind die Kreativprofile für jede Farbe aufgelistet. Je mehr Sie über Ihre Persönlichkeitsfarben wissen, desto bewußter werden Sie sich über Ihr Selbstporträt. Genau wie bei den Farben, stehen Ihnen auch hier viele verschiedene Schattierungen zur Verfügung. Seien Sie sich selbst und Ihren ganz persönlichen Regenbogenfarben gegenüber offen.

ROT

Sie haben als Persönlichkeitsfarbe die auffallendste und dramatischste Farbe überhaupt gewählt. Körperlich und seelisch ist Ihnen nichts Menschliches unbekannt. Sie können dynamisch und direkt, aber auch sehr großzügig sein. Sie haben wie die Farbe Rot eine starke Persönlichkeit, lieben den Wettbewerb und sind gern aktiv. Sie wissen genau, was Sie wollen, und setzen sich gewöhnlich durch.

Als Frau neigen Sie dazu, schnell und emotional, wenn auch nicht immer objektiv, zu handeln. Als Mann stehen Sie gern in vorderster Linie, oft im Bereich der Politik, denn Sie genießen das Lob der anderen. Manche würden Sie als Gladiator sehen, andere als Führer. Als Führer besitzen Sie die Fähigkeit und Energie, sich mit positiver Einstellung nach vorn zu orientieren.

Sie sind Rot, sie stehen immer ganz vorn. Sie sind die Seele der Gesellschaft, die Erotik in Person. Sie haben Kraft und Mut, sind von Ihrem Recht überzeugt und wollen Gerechtigkeit für alle.

ROSA

Sie haben die sanfteste und weiblichste aller Farben gewählt. Herz und Gefühl sind Ihre Stärke. Als helle Pastellfarbe sind Sie sanft und zärtlich. Ihre Schwäche zeigt sich nur, wenn Sie sich zu sehr öffnen. Wenn Sie jedoch ein kräftiges Pink als Persönlichkeitsfarbe gewählt haben, sind Sie praktisch genauso stark wie Rot. Ihre Schwäche liegt möglicherweise darin, daß Sie nicht merken, wie manche Freunde Sie emotional ausnützen.

Sie zeichnen sich durch Ihre mütterliche oder väterliche Art aus. Sie übernehmen gern Verantwortung für andere. Durch Ihre Kombination von Rot und Weiß versorgen Sie andere als

Nährer und Retter mit Energie. Als Liebhaber oder Geliebte stehen Sie für die Liebe, das universelle Symbol der Fürsorge und des Teilens. Nehmen Sie so, wie Sie geben, um Ihr großes Herz in ein inneres Gleichgewicht zu bringen.

KASTANIE

Ihre Persönlichkeitsfarbe ist tiefrot wie der Rubin, sie ist die Farbe des Genußmenschen und des Empfindsamen. Sie haben Humor und mögen Spaß und Abenteuer, besonders nach Sonnenuntergang. Ihre Stärke ist die Gefühlswelt. In guter Verfassung erreichen Sie immer eine Position der Autorität. Doch nehmen Sie sich in acht, wenn Ihre Emotionen durcheinandergeraten. Aus Ärger oder mangelnder Flexibilität können Sie zu impulsiv werden.

Sie gehen mit Macht ganz natürlich und selbstverständlich um. Sie haben sich für die berühmte Farbe Roms entschieden. Lebenslust und ein genußvolles Dasein sind Ihre Welt. Ihr rastloses Herz labt sich an Wein, Weib und Gesang, denn Sie müssen Ihren Gefühlen freien Lauf lassen. Unterhalten Sie andere und lassen Sie sich unterhalten, die ganze Welt liebt Sie! Nicht umsonst sind Sie die Farbe des Burgunders!

ORANGE

Orange ist eine Form- und Designfarbe. Sie sprühen vor Energie, und wie eine warme Farbe sind Sie manchmal ruhelos. Doch Ihr Organisationstalent sucht seinesgleichen. Als Architekt, Ingenieur, Designer oder Geschäftsmann sind Sie am rechten Platz. Sie brauchen keinerlei äußere Anstöße zum Handeln. Sie wollen das, was Sie anpacken, zu Ende führen, denn Ihre Energie benötigt ein Ventil.

Sie umgeben sich gern mit strengen Formen, da Sie sich der ästhetischen Gestaltung sehr bewußt sind. Bei Ihnen gibt es weder im Büro noch zu Hause Unordnung — Unordnung macht Sie depressiv. Sobald Sie sich für etwas entschieden haben, gehen Sie direkt auf Ihr Ziel zu. Wie die Morgensonne geben Sie allen, die Sie kennen, Kraft. Schließlich sind Sie die Farbe des Feuers, die Energiequelle der Menschheit.

PFIRSICH

Sie haben eine der beliebtesten und geselligsten Persönlichkeitsfarben gewählt. Sie sind die Farbe der reifen Frucht und des Himmels beim Sonnenaufgang. Sie können sanft wie das Rosa und handlungsorientiert wie das Orange sein. Doch Sie besitzen Ihre eigene Persönlichkeit, die eines sanften Tatmenschen und Menschenfreundes.

Sie haben die Kraft zur Festigung und Anregung der Gefühle in anderen. Gleichzeitig sind Sie selbst jedoch gern emotional unabhängig und frei. Ihre Farbe wirkt am besten in der Schule und im Eßzimmer, denn Kinder lieben Sie. Ihre größte Stärke ist die Motivation anderer, Ihre einzige Schwäche liegt darin, daß Sie Ihren Wert nicht erkennen, und manchmal ist Ihnen Ihr rosafarbenes oder großes Herz hinderlich.

GELB

Sie haben Gelb, die Farbe der Kommunikation, gewählt. Sie hören sich gern reden. Hin und wieder sprechen Sie zuviel, aber alle Welt hört Ihnen zu. Manchmal sind Sie glücklich, manchmal sind Sie komisch, aber Sie sind immer gut im Verkauf. Wenn Sie lernen zuzuhören, suchen viele Menschen Sie als Berater auf. Die Ägypter und Mayas verehrten Sie, die Farbe der Sonne, wegen Ihrer lebenserhaltenden Kraft.

Sie sind heiter und ausdrucksvoll und bringen Wärme in das Leben vieler Menschen. Sie sind bodenständig, der Mittelpunkt bei Geselligkeiten und der beste Freund, den man sich denken kann. Spenden Sie den anderen Ihr helles Licht. Aber bewahren Sie sich Ihre persönliche Energie — auch sie kann sich erschöpfen, besonders wenn Ihr Temperament mit Ihnen durchgeht.

MINZGRÜN

Sie sind erfrischend für Körper und Gefühle — wie ein Eis an einem heißen Sommertag. Sie haben die verständigste aller Farben zur Darstellung Ihrer Persönlichkeit gewählt, denn Sie setzen nicht nur Ihr Herz, sondern auch Ihren Verstand ein. Sie sind eine Mischung aus Grün und Weiß. Deshalb erkennen Sie, was andere brauchen, und können ihnen auch bei ihrer Selbstverwirklichung beistehen. Bescheidenheit ist eine Ihrer weiteren Tugenden, denn Sie überlassen dem dynamischen Rot die Führung. Sie kommen nicht sehr gut mit lauten, emotionalen Ausbrüchen zurecht. Sie verfolgen Ihre Ziele lieber im stillen.
Man trifft Sie oft in Berufen der alternativen Heilkunst oder bei der Suche nach Erkenntnissen, um Ihr Leben zu verbessern. Die ästhetische Harmonie von Philosophie und Naturheilkunst spricht Sie auf ganz besondere Art an. Sie helfen anderen, ohne großes Aufheben davon zu machen, um so die Welt ein wenig zu verbessern.

APFELGRÜN

Sie haben als Persönlichkeitsfarbe die frische Farbe des Grases im Frühling oder eines knackigen Apfels gewählt. Als Kombination aus hellem Gelb und Grün sind Sie ausgesprochen flexibel und jedermanns Freund. Die Menschen mögen Sie wegen Ihrer Offenheit und Ihrer Abenteuerlust. Sie machen sich immer wieder an neue Vorhaben, durch die Sie rasch bis ganz an die Spitze aufsteigen können. Doch dort bleiben Sie nicht, weil Routine Sie sehr schnell ermüdet.

Sie sind flexibel, abenteuerlustig und interessant, doch Sie beachten nicht immer Ihre eigenen seelischen Bedürfnisse. Ihnen sind geistige Anregungen lieber als emotionale, damit Sie bis ganz hinauf an die Spitze kommen. Ihre größte Tugend ist Ihr Interesse an allem und jedem, von den Gestirnen bis zu den Gesteinen. Vor allen Dingen arbeiten Sie an der Verbesserung und Erweiterung Ihrer Möglichkeiten.

GRÜN

Als grüne Persönlichkeit haben Sie stärkstes Interesse an der Heilkunst. Sie sind meist in Bereichen anzutreffen, die sich mit dem Dienst am Mitmenschen befassen. Sie haben Mitleid mit den Bedürftigen und denjenigen, denen es schlechter geht als Ihnen selbst. Sie nehmen die meisten Dinge sehr scharfsichtig wahr, doch Sie lieben keine plötzlichen Überraschungen. Sie sind zu ausgeglichen, um sich aus der Ruhe bringen zu lassen.

Wenn Sie einen dunkleren Grünton gewählt haben, lieben Sie es, wegen Ihrer Scharfsichtigkeit anerkannt zu werden. Sie beschäftigen sich gern mit Detailfragen und genaueren Aufstellungen. Manche schätzen Ihre heilenden Kräfte, andere Ihre analytischen Fähigkeiten. Wenn Sie etwas anpacken, kann man sich auf eine gewissenhafte Durchführung verlassen, weil Sie jede Situation überblicken. Ihre Ziele sind Gesundheit und Ausgeglichenheit. Sie wollen die Geheimnisse des Lebens ergründen und die Welt und alle ihre Bewohner zu einer natürlichen Harmonie zurückführen.

BLAUGRÜN (Türkis)

Die Farbe des Meeres, regennasser Bäume, kühler, sprudelnder Bäche — Sie sind voller Bewegung und sich selbst genügender Energie. Wenn Sie Blaugrün (Türkis) als Persönlichkeitsfarbe gewählt haben, nehmen andere Sie als hoffnungsvollen, optimistischen und vertrauensvollen Menschen wahr. Sie empfinden Glauben und Hoffnung, denn Sie vertrauen sich und anderen sehr schnell. Beruflich sind Sie höchstwahrscheinlich im seelsorgerischen Bereich anzutreffen und stehen oft hinter dem Rednerpult.

Ihr allgemeines Ansehen verschafft Ihnen die Möglichkeit, anderen Vertrauen zu vermitteln. Sie sind nicht ganz das heilende Grün und auch nicht ganz das intellektuelle Blau, sondern eine Verbindung von beidem. Manche wenden sich an Sie, um Erkenntnisse zu gewinnen, andere, um praktische Hilfe zu erhalten. Allen, die auf Sie zukommen, geben Sie innere Ruhe. Vertrauen ist einer Ihrer hervorstechendsten Wesenszüge.

HELLBLAU

Sie sind die Farbe des Mittagshimmels. Und Sie sind die künstlerischste und schöpferischste aller Farben. Sie sind die Phantasie in Person. Sie lieben Ihren Geist und wollen ihm freies Spiel gewähren. Manchmal fällt es Ihnen schwer, sich zu entspannen — Sie greifen nach den Sternen, um sie nach Ihren Vorstellungen zu verändern. Kunst, Musik und Literatur regen Sie an. Wenn Sie ein Problem lösen wollen, nutzen Sie Ihre Kreativität genauso wie Ihren Sinn fürs Praktische. Dieser Wesenszug verhilft Ihnen zu einer angesehenen Stellung unter den großen Denkern der Gesellschaft.

Man trifft Sie in der Welt der Kunst genauso wie im Geschäftsleben. Sie kreieren Ideen, Bilder und Formen und bringen immer Neues ein. Sie ersinnen gern Einrichtungen, die die Bedürfnisse der Allgemeinheit befriedigen, und stecken Ihre schöpferische Energie in neue Unternehmungen. Sie sind mit dem Feuer der Phantasie gesegnet. Machen Sie es sich zunutze!

DUNKELBLAU

Sie haben die weiseste aller Farben gewählt. Sie sind sehr wahrscheinlich Richter, Manager oder Geschäftsmann in leitender Position, denn Sie genießen es, Entscheidungen zu fällen. Sie besitzen gute Menschenkenntnis. Man achtet Sie wegen Ihres Intellekts. Sie sind der geborene Gesetzgeber.

Als Frau sind Sie oft zu unabhängig und ein wenig herrisch. Als Mann haben Sie die Dinge so sehr in der Hand, daß es Ihnen manchmal schwerfällt, Ratschläge anderer anzunehmen.

Doch Sie sind der geborene Lehrer, denn Sie lieben Ihr unangreifbares Wissen.

Manche sehen Sie als Chef, andere als Leiter aller Unternehmungen. Als intellektueller Mensch sind Sie sich der Bedürfnisse Ihres Körpers nicht immer bewußt. Sie wissen genau, wer Sie sind und was Sie wollen. Ihr Gleichgewicht ist das Herz, verlieren Sie also Ihre Gefühle nicht aus den Augen. Sie führen Sie zu Ihren eigenen wie auch den Bedürfnissen anderer.

MALVE

Wenn Sie diese ruhige, sanfte Farbe als Persönlichkeitsfarbe gewählt haben, sind Sie sensibel, zerbrechlich, zurückhaltend, aber für andere aufbauend. Sie stehen an Ihrem Arbeitsplatz im Mittelpunkt des Interesses und der Bewunderung: allen Frauen gefällt, was Sie für sie darstellen — eine Freundin, an die sie sich jederzeit wenden können. Die Männer wissen nicht genau, woran sie mit Ihnen sind, denn Sie sind sozusagen eine Extrapolation ihrer eigenen sanften und intuitiven Seite.

Als Mann, der die Persönlichkeitsfarbe Malve gewählt hat, zeigen Sie gern Ihre Sensibilität. Doch Sie sollten vielleicht ein wenig mehr Blau in Ihren Farbenkreis aufnehmen, denn Sie sind in Ihrer Emotionalität nicht immer ganz objektiv.

Für manche sind Sie wie eine Blume, eine violette Rose bei Sonnenuntergang. Als Farbe haben Sie die Fähigkeit, anderen Ruhe zu schenken. Sie sind Malve, die neue Farbe der Empfindsamkeit.

LILA

Lila oder Violett ist die intuitivste aller Farben. Sie sind vergeistigt und nachdenklich wie der Amethyst. Sie sind die Intuition in Person, denn Sie besitzen höchste Begabung. Manchmal sind Sie scheu und verbergen sich wie das Veilchen, dann wieder edel und würdevoll wie ein Herrscher. Aber immer stellen Sie hohe Ansprüche an sich selbst und andere. Sie blicken lieber nach oben als nach unten. Aufgrund Ihrer Sensibilität fällt es Ihnen schwer, anderen jemals ganz zu vertrauen.

Manche halten Sie für vergeistigt, andere für religiös. Doch egal, wie man Sie sieht: Ihr Glaube wird Ihnen immer beistehen. Sie haben die Gabe des Gefühls — nicht nur für sich selbst, sondern auch für andere, denen Sie auf ihrem Weg helfen. Hören Sie immer auf sich selbst, denn Sie gehören zu den begnadeten Menschen.

BRAUN

Sie haben als Persönlichkeitsfarbe Braun, die Farbe der Erde, gewählt. Sie sind zuverlässig und unerschütterlich wie ein Felsen. Sie wirken sicher und stark, andere wollen sich an Sie anlehnen. Sie bringen alles wieder in Ordnung, denn Sie haben die Gabe der inneren Sicherheit. Ihre höchste Tugend ist die Aufrichtigkeit, Sie haben keine Zeit für Übertreibungen und Nebensächlichkeiten. Aber Sie lieben es, gehört zu werden.

Wie der Bauer werden auch Sie sich immer einen bodenständigen Beruf suchen. Sie arbeiten gern mit den Händen. Sie sind ausgeglichen, hilfreich und geschickt. Sie gehen eine natürliche Symbiose mit der Erde ein, denn Sie säen die Saat, die darin aufgeht, und schützen sie.

SCHWARZ

Wenn Sie Schwarz als Persönlichkeitsfarbe gewählt haben, wirken Sie nach außen diszipliniert und zurückhaltend. Schwarz ist mächtig und stark, doch Schwarz kann sich auch dem Licht und der Offenheit verschließen. Diese Farbe dient der Stärke, manchmal auch dem Schutz, aber Schwarz kann eine Barriere zwischen Ihnen und anderen aufbauen. Vielleicht verwehren Sie sich auch der Welt und wollen sich ihr nicht mitteilen. Sie sind jedoch gleichzeitig die Farbe für jede Gelegenheit, die zu allen anderen Farben paßt. Sie vermitteln nach außen ein starkes Bild der Autorität.

Wenn Sie sich für Schwarz entschieden haben, weil Sie deprimiert sind, öffnen Sie die Tür und lassen Sie die Sonne herein! Rufen Sie einen Freund an und lassen Sie sich helfen. Vielleicht wartet irgendwo ein Füllhorn voller Liebe und Glück auf Sie.

WEISS

Auch Weiß ist eine achromatische Farbe, die sich mit anderen Farben des Spektrums zu verbinden sucht. Wenn Sie sich für Weiß als Persönlichkeitsfarbe entschieden haben, machen Sie wahrscheinlich eine Zeit der Veränderung durch. Weiß ist universell und abstrakt — ein neuer Gedanke ohne Form. Sie sind der ewige einsame Wanderer. Sie haben eine schlichte, reine Farbe gewählt, die noch nach Anerkennung strebt.

In Verbindung mit Rot oder Blau oder als Zusatz zu jeder anderen Farbe nehmen Sie eine andere Schattierung an. Sie suchen nach Ihrer eigenen Wahrheit; flüchten Sie sich nicht in Ihre eigene Abstraktion. Lassen Sie sich gehen. Gesellen Sie sich mit anderen zu einer bunten Menge. Manche nennen Sie vielleicht einen Einzelgänger, doch bleiben Sie nicht allein, denn Sie wünschen sich eigentlich eine Familie und eine Identität, zu der Sie gehören können.

GRAU

Sie haben sich für eine neutrale, monochromatische oder achromatische Farbe entschieden. Als Kontrast zu allen anderen Farben suchen Sie Ihresgleichen. Doch Grau hat wegen seiner völligen Passivität nur eine geringe Eigenenergie. Vielleicht fühlen Sie sich momentan müde, ausgelaugt oder überanstrengt, denn Sie haben nur wenig Energie. Wenn Sie aber in Bewegung geraten, gehören alle Farben des Regenbogens Ihnen, weil erst Sie sie zum Erstrahlen bringen.
Sie sind auf der Suche nach Verspieltheit, und ein Urlaub wäre nicht schlecht. Durch Fröhlichkeit werden Ihnen Ihre Bedürfnisse in Zeiten der Ruhe und des Auftankens bewußter. Andere empfinden Sie als deprimiert und müde. Nehmen Sie also mit Meer und Sonne wieder neue Farbe an. Seien Sie nicht Grau; streifen Sie Ihre Sorgen ab!

SILBER

Sie haben die Farbe des Edelmetalls Silber gewählt. Ihr Selbstwertgefühl ist ziemlich stabil. Wie die edlen Ritter und Damen der Vergangenheit kommen Sie anderen Menschen zu Hilfe. Sie sind romantisch, denn Sie sehen in allen — Armen wie Reichen gleichermaßen — nur die guten Seiten. Sie schützen die anderen wie ein Schild. Wenn Sie Ihren eigenen Wert jedoch aus dem Auge verlieren, wird auch Ihr Glanz matter.
Als Hintergrund zu den meisten anderen Farben sind Sie ein höchst zuverlässiger Freund. Ihr Vertrauen muß man jedoch erst gewinnen, denn Sie verschenken es nicht mehr gerne,

wenn es erst einmal mißbraucht worden ist. Sie gehen ungern aus sich heraus, das Rampenlicht soll lieber zu Ihnen kommen. Als Anwalt sind Sie in Ihrem Element, denn Ihre Argumente halten jeder Prüfung stand. Sie sind die Farbe der Ehre.

GOLD

Gold ist die Farbe des Wohlstandes. Sie besitzen eine reiche Persönlichkeit, und deshalb stellen Sie für andere eine Stütze dar. Als die Farbe Gold sind Sie das höchste geistige Ideal und die höchste Tugend. Sie greifen gern nach den Sternen und geben sich mit nichts Geringerem zufrieden. Sie lieben Glanz, Extravaganz und Überfluß. Ihre Träume können Ihnen zum Verhängnis werden, denn wenn sie zerbrechen, wenden Sie sich gegen sich selbst.

Sie sind der Beste und Größte. Sie sind wert, was Sie versprechen. Auf manche wirken Sie wie ein Phantast, auf andere überheblich und stolz. Wenn Sie sich erweichen lassen, zeigt sich Ihre Stärke bei der Führung und Unterstützung anderer, denn Sie sind das Bewußtsein und der Traum der Zukunft. Sie geben jedem ein sicheres Gefühl.

INTERPRETATION DER FARBE 2

Setzen Sie die Interpretation Ihrer Antworten zu Nummer 2 fort, um mehr über das Bild zu erfahren, das Sie vermitteln. Ihre Farbentscheidungen zu diesem Punkt zeigen Ihnen, woher Sie Ihre Inspiration beziehen. Diese Farbe gibt Ihnen wieder Aufschwung! Sie sieht zusammen mit Ihrer Persönlichkeitsfarbe immer gut aus.

FARBE 2 *Ihre Inspirationsfarbe zeigt Ihnen, wodurch Sie angeregt werden, und sie hilft Ihnen dabei, ein gutes Bild von sich selbst zu vermitteln.*

Sie fühlen sich gut, wenn Sie:

ROT Sport treiben, ehrgeizige Ziele verfolgen oder verwirklichen, in Wettbewerb mit anderen treten;

ROSA sich selbst akzeptieren, Liebe geben und erhalten, anderen helfen;

KASTANIE Spaß haben, abenteuerlustig und sinnlich sind;

ORANGE Schritte auf ein Ziel zu organisieren, Ihre Energie konstruktiv, gezielt und produktiv einsetzen;

PFIRSICH sich selbst ausdrücken und aufbauen, gleiche Rechte fordern;

GELB sich in Gesellschaft befinden und sich anderen mitteilen;

MINZGRÜN objektiv sind, Ihre Gefühle unter Kontrolle haben und die Dinge klar sehen;

APFELGRÜN sich verändern, neue Projekte beginnen und sich herausgefordert fühlen;

GRÜN anderen helfen und dienen, sich selbst entwickeln und die Dinge klar sehen;

BLAUGRÜN (Türkis) sich selbst treu sind, Ihren Idealen folgen und optimistisch sind;

HELLBLAU   Ihre Phantasie einsetzen, sich künstlerisch
            ausdrücken, schöpferisch und praktisch
            sind;

DUNKELBLAU selbständig und unabhängig sind;

MALVE   Ihren Instinkten gehorchen, an sich selbst
            glauben und Ihrer inneren Stimme folgen;

LILA   Ihren Gefühlen und Ihrer Intuition ver-
            trauen und von anderen als sensibel angese-
            hen werden;

BRAUN   zuversichtlich und sicher und sich Ihres
            Wertes bewußt sind;

SCHWARZ   diszipliniert, unabhängig und selbständig
            sind und Ihren eigenen Ansprüchen gerecht
            werden;

WEISS   neue Ideen und schöpferische Einfälle ha-
            ben und Ihr Leben ohne äußere Zwänge
            führen können;

GRAU   sich von Belastungen erholen und neutral
            bleiben können;

SILBER   die Wahrheit suchen, aufrichtig sind und
            Ihren eigenen Wert erkennen;

GOLD   hohe Ideale und Ziele verfolgen und den
            Lohn dafür ernten.

INTERPRETATION DER FARBE 3

Lesen und deuten Sie Ihre Farbantworten auf Frage 3. Diese Farbe hilft Ihnen zu verstehen, wie Sie das beste Bild von sich selbst nach außen präsentieren. Sie ist eine positive Farbe, die Ihnen Sicherheit verleiht, denn sie zeigt Ihnen, was dazu beiträgt, einen Ausgleich in Ihnen zu schaffen. Sie ist nicht nur ein Schlüssel zur besseren Kommunikation mit Ihrem Bild, sondern hilft Ihnen auch dabei, mit sich selbst in Verbindung zu bleiben. Diese Farbe sollte bei Ihrer Kleidung immer vertreten sein, um eine Balance für Sie zu schaffen.

FARBE 3   *Die Farbe, die Sie gewählt haben, führt Sie zu einem besseren Verständnis von sich selbst.*

Sie schaffen sich einen Ausgleich durch:

ROT   körperliche Leistungen, Führungsaufgaben, positiven Fortschritt, Erfolg und Siege;

ROSA   Liebe, emotionale Unterstützung durch andere und dadurch, daß Sie sich selbst verwöhnen;

KASTANIE   sinnliche Vergnügungen, Ausdruck der Gefühle, Musik, Tanz und einmal pro Woche auswärts essen;

ORANGE   Organisation, produktiven Einsatz von Zeit und Energie, erfolgreiche Verwirklichung von Zielen;

PFIRSICH   gesellschaftliche Aktivitäten, Dienste an der Gemeinschaft und aktive Betätigung in wohltätigen Organisationen;

GELB	Selbstausdruck, optimistische Lebenseinstellung und ein Lächeln;
MINZGRÜN	beständige Selbstverwirklichung, Interesse und Beteiligung an New-Age-Projekten, an Schönheits- und Gesundheitsprogrammen;
APFELGRÜN	neue Interessen, Herausforderungen, Selbstregenerierung, Glücksspiele;
GRÜN	Entwicklung der Selbsterkenntnis, Weiterentwicklung des Ich, Betätigung in den Bereichen Gesundheit und Wissenschaft;
BLAUGRÜN (Türkis)	künstlerischen Selbstausdruck, Betätigung in religiösen oder philosophischen Gruppen, durch ruhige, künstlerische Spiele;
HELLBLAU	Kreativität, Phantasie, Selbstausdruck, Einsatz des Wissens zur Lösung von Problemen;
DUNKELBLAU	Selbstorganisation, Unabhängigkeit, Selbständigkeit und Verantwortung für andere;
MALVE	einfühlsame Unterstützung durch andere, Vertrauen auf die Intuition und Zeit zum Meditieren und Entspannen;
LILA	Vertrauen auf und Achtung vor Ihren eigenen intuitiven Eindrücken, mehr Zeit zum Zuhören;
BRAUN	Energie aus Erde und Natur, selbstgeschaffene persönliche Sicherheit und gesteigertes Selbstwertgefühl;

SCHWARZ	Disziplin, selbsterstellte Regeln, völlige Unabhängigkeit und Gelegenheit zur Selbständigkeit;
WEISS	neue Ideen, schöpferische Einsichten, einen einfachen Lebensstil und mehr Zeit für sich selbst;
GRAU	Ruhe, Entspannung, verringerte Aufgaben und Belastungen, einen geplanten Urlaub;
SILBER	hohes Selbstwertgefühl, Weiterentwicklung des Ich und mehr Vertrauen in andere;
GOLD	Befriedigung durch Erfolge und das Erreichen hoher Ziele.

INTERPRETATION DER FARBE 4

Die Antworten zu diesem Teil Ihres Selbstporträts zeigen Ihnen, wie Sie sich selbst in anderen Menschen wiedererkennen. Sie können sehen, wie Ihre Begabungen und Stärken auf Ihre Freunde und Kollegen wirken. Genau wie der alte Spruch »Man ist immer so gut wie seine Freunde« drückt auch die Farbe, die Sie hier gewählt haben, einen weiteren Aspekt Ihres Ich aus.

FARBE 4   *Ihre Harmoniefarbe hilft Ihnen dabei, Ihre Stärken, das, was Sie gern bei anderen sehen, besser zu erkennen.*

Ihre besten Freunde sind wahrscheinlich:

ROT	Optimisten, Führerpersönlichkeiten, Politiker oder Industrielle;

ROSA	Nothelfer, Wohltäter der Menschheit oder kindliche Menschen;
KASTANIE	lustige Menschen, Komödianten, risikofreudige oder sinnliche Menschen;
ORANGE	Architekten, Baumeister, Planer oder Ingenieure;
PFIRSICH	Menschenfreunde, Funktionäre oder führende Persönlichkeiten;
GELB	Vertreter, Berater oder Vermittler;
MINZGRÜN	Naturheiler, Anhänger gesunder Ernährung, Dichter oder Schönheitsberater;
APFELGRÜN	Pioniere, Freidenker, aktive und abenteuerlustige Menschen;
GRÜN	Heiler, Therapeuten, Menschenfreunde oder Wissenschaftler;
BLAUGRÜN (Türkis)	Futurologen, Missionare, Verhaltensforscher oder geistige Lehrer;
HELLBLAU	Künstler, Designer, Planer oder Analytiker;
DUNKELBLAU	Manager, Geschäftsleute, Lehrer oder Philosophen;
MALVE	Innenarchitekten, intuitive oder sensible Künstler oder intellektuelle Berater;
LILA	Theologen, Geistliche oder Philosophen;
BRAUN	Facharbeiter, Maschinisten, Bauern oder Menschen, die die Natur lieben;
SCHWARZ	Menschen, die viel von strenger Disziplin

	halten, Autoritäten, Diktatoren oder Be-schützer;
WEISS	Individualisten, Einzelgänger, egozentrische oder einsame Menschen;
GRAU	unverbindliche oder neutrale Kollegen, Pazifisten, ruhige Menschen;
SILBER	Kreuzritter, ehrenhafte Freunde, Anwälte oder gerechtigkeitsliebende Menschen;
GOLD	erfolgreiche Menschen, Finanziers oder Futurologen.

INTERPRETATION DER FARBE 5

Wahrscheinlich wird Ihnen diese Interpretation viel Spaß machen, denn Ihre Farbantwort wird Ihnen zeigen, wer für Sie der beste Partner ist. Viele Beziehungen verändern sich, wenn wir uns weiterentwickeln, und oft sind wir uns nicht so sicher, welche Farbe (Art von Mensch) am besten zu uns paßt. Die Farbe, die Sie gewählt haben, zeigt Ihnen den momentan richtigen Partner. Aber vergessen Sie nicht: Sie sind der Künstler, und wenn Sie sich verändern, entscheiden Sie sich vielleicht auch anders.

FARBE 5	*Ihre Kontrast- und Stützfarbe hilft Ihnen, den für Sie passenden Partner zu erkennen.*
	Wenn Sie eine Frau sind, ist der beste Partner für Sie:
ROT	ein unkomplizierter, sinnlicher Liebhaber;

ROSA	ein väterlicher oder kindlicher Partner;
KASTANIE	ein potenter, lebenslustiger Liebhaber;
ORANGE	ein Organisator, motivierender Planer und Partner bei der Arbeit;
PFIRSICH	ein sanfter und zärtlicher Partner;
GELB	ein Kumpel und Freund oder Mentor;
MINZGRÜN	ein Therapeut oder Heiler;
APFELGRÜN	ein neuer Partner oder eine Veränderung der Beziehung;
GRÜN	ein Partner aus dem Bereich der Medizin oder Seelsorge;
BLAUGRÜN (Türkis)	ein unabhängiger, aber geistig anregender Partner;
HELLBLAU	ein Künstler oder kreativer Partner;
DUNKELBLAU	ein Geschäftsmann oder Manager;
MALVE	ein Partner, der auf Ihre Gefühle eingeht;
LILA	ein Geistlicher oder intellektueller Partner;
BRAUN	ein ausgeglichener, solider Partner, der Sie unterstützt;
SCHWARZ	keine Partnerschaft, weil Sie zu unabhängig sind;
WEISS	ein Individualist und Einzelgänger;
GRAU	ein Partner, der sich Ihnen unterwirft und Sie unterstützt;
SILBER	ein strahlender Ritter;
GOLD	ein Bankier oder vermögender Partner.

Wenn Sie ein Mann sind, ist die beste Partnerin für Sie:

ROT   eine lebhafte, sinnliche Frau;

ROSA   eine mütterliche oder kindliche Partnerin;

KASTANIE   eine lebenslustige Frau, die nicht alles so ernst nimmt;

ORANGE   eine aktive, unabhängige Frau;

PFIRSICH   eine einfühlsame, gemeinschaftsorientierte Frau;

GELB   eine gesellige und mitteilsame Frau;

MINZGRÜN   eine idealistische, tröstende Frau;

APFELGRÜN   eine Herausforderung oder eine neue Frau;

GRÜN   eine gesundheitsbewußte Frau;

BLAUGRÜN   eine geistig anregende Partnerin;
(Türkis)

HELLBLAU   eine Künstlerin oder kreative Partnerin;

DUNKELBLAU   eine Geschäftsfrau oder gleichberechtigte Partnerin;

MALVE   eine intuitive, geistige Partnerin;

LILA   eine empfindsame, edle Frau;

BRAUN   eine ausgeglichene Frau, die Sie unterstützt;

SCHWARZ   keine Partnerschaft, weil Sie zu unabhängig sind;

WEISS   eine ungebundene, einsame Frau;

GRAU	eine unkomplizierte Frau, die sich selbst zurücknimmt;
SILBER	eine romantische, zuverlässige Freundin;
GOLD	eine erfolgreiche Frau, die es aus eigener Kraft zu etwas gebracht hat.

INTERPRETATION DER FARBE 6

Haben Sie sich je gefragt, warum der erste Eindruck, den andere von Ihnen haben, vielleicht nicht so gut ist oder wo Ihre Schwächen liegen? Die Farbe, die Sie am wenigsten mögen, kann Ihnen bei der Beantwortung dieser Frage helfen. Sie wird Ihnen Ihre verborgenen Schwächen oder die Aspekte Ihres äußeren Bildes zeigen, die Sie verbessern können.

FARBE 6

Die Farbe, die Sie am wenigsten mögen, hilft Ihnen dabei, Ihre größten Schwächen zu erkennen.

Ihre Schwäche tritt in Situationen zutage, in denen Sie:

ROT
(z. B. Rosé, Feuerwehrrot oder Magenta)

sich nicht beherrschen können, und Sie über sich selbst wütend werden;

ROSA
(z. B. Rosarot, Nelkenrosa oder Grellrosa)

sich zu sehr von anderen oder von Dingen abhängig fühlen, die Sie selbst nicht beeinflussen können;

KASTANIE (z. B. Tiefrot oder Ziegelrot)	sich als Opfer anderer fühlen und sich deshalb ärgern;
ORANGE (z. B. leuchtendes oder ge- branntes Orange)	sich verwirrt, frustriert oder blockiert fühlen;
PFIRSICH (z. B. Apricot oder Lachs)	glauben, Ihre Zeit und Energie nicht richtig zu organisieren, was Ihnen peinlich ist;
GELB (z. B. Banane, strahlend Gelb oder Senf)	das Gefühl haben, Ihren eigenen Erwartungen nicht gerecht zu werden oder durch die Kritik anderer bedroht zu werden;
MINZGRÜN (z. B. Blaßgrün oder Was- sergrün)	mit sich selbst unzufrieden sind, weil Sie emotional nicht stark genug angeregt oder gefordert werden;
APFELGRÜN (z. B. Gelbgrüntöne, Char- treuse-, Avocado- oder Khakigrün)	das Gefühl haben, sich selbst oder Ihre Meinung nicht aus- drücken zu können;
GRÜN (z. B. Gras-, Mittel- oder Tannengrün)	sich gelangweilt oder außer Ge- fecht gesetzt fühlen, weil es Ih- nen an eigener Motivation oder Gelegenheiten fehlt;
BLAUGRÜN (Türkis, z. B. Pfauenblau)	sich emotional beansprucht füh- len, weil Sie die Hoffnung oder den Glauben an sich selbst und an andere verloren haben;

BLAU (alle Arten von Blau: Hell-, Mittel- oder Dunkelblau)	sich geistig erschöpft fühlen, weil Sie nicht genug Gelegenheiten für Vergnügen und Entspannung finden;
MALVE (z. B. Lavendel oder Beigerosa)	das Gefühl haben, daß andere Ihre Gefühle einschränken oder Ihnen unsensibel gegenübertreten;
LILA (z. B. Orchidee, Veilchen oder Traube)	glauben, daß andere Ihnen Ihre Theorien, Religionen oder Regeln aufzwingen wollen;
BRAUN (z. B. Sonnenbräune, Beige oder Dunkelbraun)	die Sorge auffrißt oder Sie sich von Angst oder Schuld überwältigen lassen;
SCHWARZ	sich verzweifelt oder niedergeschlagen fühlen, weil Ihr Selbstwertgefühl und Ihre Liebe zu sich selbst zu gering sind;
WEISS	sich einsam, ungeliebt, emotional alleingelassen oder distanziert fühlen;
GRAU	sich zurückgewiesen fühlen oder Angst vor Versagen haben, weil Sie sich selbst nicht genug achten;
SILBER	sich durch einen Vertrauensbruch enttäuscht fühlen;
GOLD	den Verlust von Erfolg oder finanziellem Lohn empfinden.

INTERPRETATION DER FARBE 7

Ihre Farbwahl bei Nummer 7 ist sehr wichtig, denn dabei handelt es sich um die Farbe, die bei dem positiven Image, das Sie nach außen zeigen, den besten Eindruck macht. Sie ist Ihre persönlichste, kommunikativste Farbe. Sie wird Ihnen unter Umständen dabei helfen, sich anzustrengen und an Ihrer Motivation zu arbeiten. Wenn Sie die Sprache der Farben in die verbale übersetzen, werden Sie entdecken, wodurch Sie Ihre Motivation am besten anregen können.

FARBE 7 *Ihre Motivationsfarbe hilft Ihnen, Ihr Bild nach außen zu tragen und so einen positiven Eindruck Ihrer selbst anzuregen.*

Ihre stärksten Motivationsfaktoren sind:

ROT persönliche Anerkennung, Macht, positive Einstellung gegenüber Ihrer Verwirklichung von Zielen;

ROSA liebevolle Beziehungen, Verantwortung für und Sorge um andere, emotionale Erfüllung;

KASTANIE emotionale Unterstützung, Spaß, Abenteuer, emotionale und körperliche Verspieltheit;

ORANGE Organisation, Planung und Verwirklichung von Projekten, eigene Leistungen;

PFIRSICH Betätigung zum Wohle der Allgemeinheit, Wohltätigkeit, Übernahme von Aufgaben innerhalb der Gemeinschaft;

GELB gesellschaftliche Kontakte, Ausdruck des Ich, Beratung, Gruppenaktivitäten;

MINZGRÜN	Selbsterkenntnis, Ausgeglichenheit, Dienst am Mitmenschen;
APFELGRÜN	neue Interessen, Veränderung alter Gewohnheiten, neue Gelegenheiten und Herausforderungen;
GRÜN	klare Einsichten, Selbsterkenntnis, Unabhängigkeit, Freiheit im Handeln;
BLAUGRÜN (Türkis)	alle Möglichkeiten zur Selbstverwirklichung, Entscheidungsfreiheit, bessere Chancen im Leben;
HELLBLAU	kreative oder künstlerische Projekte oder Hobbys, Problemstellungen, geistig anspruchsvolle Spiele;
DUNKELBLAU	innere Weisheit, Selbstverantwortung, Wissen, Rollenspiele im Management;
MALVE	Anerkennung von, Sensibilität für und Vertrauen auf persönliche Intuition und Instinkte;
LILA	das Vermitteln und Predigen von geistigen Werten, würdevolle Annahme des Ich und innere Sicherheit;
BRAUN	emotionale und körperliche Sicherheit, Selbstwert und Vertrauen in sich selbst, Sorgenfreiheit;
SCHWARZ	völlige Handlungsfreiheit, Unabhängigkeit, leitende Positionen;
WEISS	neue Anregungen zum Handeln, ein einfacherer Lebensstil, Freiheit von äußeren Zwängen;

GRAU	Entspannung, mehr Freizeit, weniger Alltagsstreß und Ruhe;
SILBER	Selbstwertgefühl, Aufrichtigkeit, Vertrauen in Freunde, Hochschätzung der Wahrheit;
GOLD	hohe Ideale, Zufriedenheit über eigene Erfolge, Ehrgeiz zur Verwirklichung hoher Ziele.

Identität, Inspiration, Ausgleich, Schwäche, Motivation, ja sogar Partnerschaft — all diese Aspekte Ihres Selbstporträts lassen sich erkennen, wenn Sie die Sprache der Farben in Worte umsetzen. Ihr Selbstporträt unterscheidet sich möglicherweise davon, wie Sie sich selbst sehen, aber setzen Sie sich trotzdem einige Zeit damit auseinander. Vielleicht entdecken Sie so neue Talente, die Sie als Künstler mit Farben ausgedrückt haben. Genießen Sie die Deutung der SICA, das Spiel um die Sprache der Farben. Es winken Ihnen neue kommunikative Möglichkeiten als Belohnung.

DIAGRAMM II

Sie sind jetzt bereit zur Interpretation des zweiten Teils Ihrer SICA, dem Diagramm II. Diese Deutungen werden Ihnen helfen zu erkennen, wie sehr Sie durch Gefühl und Intuition mit sich selbst im reinen sind. Sie sagen etwas über Ihr intuitives Ich aus. Ihre Farbentscheidungen bieten »Farbreaktionsdeutungen« für Ihre ganz persönliche Interpretation Ihrer Gefühle und Intuition. Sie zeigen Ihnen die innere Kommunikation zwischen Ihnen als Schöpfer Ihres Bildes und Ihnen als intuitivem Künstler.
Sie werden wahrscheinlich wissen wollen, wie Sie sich fühlten,

als Sie die SICA-Fragen beantworteten. Deshalb beginnen wir mit Farbe A. Ihre Farbreaktion wird ähnlich der verbalen Sprache Ihre Stimmung oder Verfassung ausdrücken, in der Sie sich zum Zeitpunkt des Tests befanden. Ihre Farbantwort auf Frage A wird Ihnen nicht unbedingt Auskunft über Ihre Verfassung von gestern oder vorgestern geben, sondern nur über die jetzige, zum Zeitpunkt der Durchführung der SICA. Bedenken Sie, daß sich Ihre Farben mit Ihnen verändern, und daß Ihre Reaktion bereits morgen wieder anders aussehen kann. Aber sie wird Ihnen dabei helfen, sich heute zu erkennen. Viel Spaß!

INTERPRETATION DER FARBE A

Wie Sie sich gerade fühlen — das ist eine interessante Frage, auf die es eine interessante Antwort gibt. Ihre Farbwahl gibt die Stimmung für Ihr intuitives Selbstporträt an. Genau wie ein Künstler haben auch Sie den Grundton Ihres Gemäldes bestimmt. Sie erkennen, wodurch Ihre Stimmungen entstehen und wie Sie auf Ihre eigenen Gefühle reagieren. Lesen Sie weiter, um Ihre Emotionen besser zu verstehen.

FARBE A   *Ihre Gefühlsfarbe hilft Ihnen dabei, die Stimmung Ihres inneren Selbstporträts zu erkennen.*

Als Sie Ihre Gefühlsfarbe wählten, reagierten Sie auf sich selbst:

ROT .... emotional

ROSA .... liebevoll

KASTANIE .... launenhaft

ORANGE	. . . .	verwirrt
PFIRSICH	. . . .	anerkennend
GELB	. . . .	offen
MINZGRÜN	. . . .	ruhig
APFELGRÜN	. . . .	abenteuerlustig
GRÜN	. . . .	gelangweilt
BLAUGRÜN (Türkis)	. . . .	mechanisch
HELLBLAU	. . . .	analytisch
DUNKELBLAU	. . . .	geistig erschöpft
MALVE	. . . .	intuitiv
LILA	. . . .	übersensibel
BRAUN	. . . .	unsicher
SCHWARZ	. . . .	verzweifelt
WEISS	. . . .	einsam
GRAU	. . . .	emotional ausgelaugt
SILBER	. . . .	mit neuer Selbstachtung
GOLD	. . . .	mit Besitzdenken

INTERPRETATION DER FARBE B

Ihre Antwort auf diesen Teil Ihres Selbstporträts zeigt Ihnen,
wie Sie Ihre Zufriedenheit intensivieren können. Die Assozia-
tion einer Farbe mit einem unerfüllten Gefühl oder einer Sehnsucht weist Ihnen den Weg zu einer glücklichen Lösung.

FARBE B   *Ihre »Durstfarbe« hilft Ihnen, eine innere Sehnsucht zu erkennen, die Sie gerne stillen würden.*

Meine Gefühle sagen mir, daß ich folgende Dinge brauche:

ROT   Bewegung und Ausdruck meiner Gefühle (vielleicht ein bißchen Romantik oder eine kleine Affäre? Wenn nicht, sollten Sie sich auf jeden Fall ein Fitneßprogramm zusammenstellen.);

ROSA   Selbstschätzung und -liebe (vielleicht heute, morgen und ab jetzt jede Woche eine kleine Anerkennung für mich selbst?);

KASTANIE   emotionale Erholung und Aufbau neuer Energien (vielleicht ein wenig Wein, Weib und Gesang?);

ORANGE   höhere Leistung und Erkennen meiner Ziele (vielleicht weniger Frustrationen und stärkere Konzentration auf die Karriere?);

PFIRSICH   Beteiligung an humanitären Projekten oder Organisationen (vielleicht sollten Sie eine leitende Position in der Schule oder Gemeinschaft übernehmen?);

GELB   Mitteilung persönlicher Gedanken und Gefühle, um auch einmal ein Lachen zu ermöglichen (vielleicht ein guter Freund oder Berater, mit dem Sie reden können?);

MINZGRÜN	bewußtere Kenntnis meiner Wirkung auf andere, meines Körpers und der Stärke meines Geistes (vielleicht ein Kurs über Selbsterkenntnis oder Selbstverwirklichung?);
APFELGRÜN	herausfordernde Aufgaben in Beruf und Freizeit (vielleicht ein neuer Arbeitsplatz oder eine neue Beziehung?);
GRÜN	bewußteres Achten auf die Gesundheit und die persönlichen Bedürfnisse (vielleicht neue Vorsätze für Arbeit, Freizeit, Entspannung und richtige Ernährung?);
BLAUGRÜN (Türkis)	Optimismus, neue Hoffnung und neues Vertrauen (vielleicht eine tägliche Bestätigung oder ein Gebet, um die Gaben, die jeder neue Tag mit sich bringt, zu würdigen?);
HELLBLAU	künstlerische oder kreative Hobbys, um sich selbst auszudrücken (vielleicht durch den künstlerischen Ausdruck ein besserer Einblick in die eigenen schöpferischen Kräfte?);
DUNKELBLAU	Selbstverantwortlichkeit und Vertrauen in das eigene Urteil (vielleicht sollten *Sie* die Entscheidungen treffen?);
MALVE	Anerkennung der eigenen Intuition und des eigenen Intellekts (vielleicht sollten Sie stärker auf Ihre Gefühle achten?);
LILA	Sensibilität gegenüber den eigenen (geisti-

gen) Bedürfnissen (vielleicht sollten Sie es einmal mit Yoga oder Meditation versuchen, um Ihre geistigen Blockaden abzubauen?);

BRAUN   Zuversicht und innere Sicherheit und weniger Sorgen in Ihrem Leben (vielleicht sollten Sie an Ihrem Selbstvertrauen arbeiten?);

SCHWARZ   selbst auferlegte Richtlinien und Disziplin (vielleicht sollten Sie Ihrem Hang zu Zeit- und Energieverschwendung etwas die Zügel anlegen?);

WEISS   bessere Einsicht, Wahrnehmung und Bewußtheit über sich selbst und Ihr Leben (vielleicht ein wenig mehr Offenheit sich selbst und neuen Lebensformen gegenüber?);

GRAU   Ruhe, Entspannung und Befreiung vom täglichen Streß (vielleicht sollten Sie sich Urlaub, Sonne und Meer gönnen?);

SILBER   Selbstwertgefühl und Selbstachtung (vielleicht sollten Sie sich selbst mehr achten als andere?);

GOLD   Befriedigung durch die Anerkennung Ihrer Träume und hohen Ziele (vielleicht liegen Ihre Ziele durchaus in Reichweite?).

INTERPRETATION DER FARBE C

Ihre Antwort auf diesen Teil Ihres intuitiven Selbstporträts wird Ihnen dabei helfen, besser zu verstehen, wie genau Ihre sinnliche Wahrnehmung sein kann. Die meisten von uns mögen gern süße Speisen. Für manche werden sie sogar zur Ersatzbefriedigung. Durch die Sprache der Farben erfahren Sie, welche »Farbbedeutungen« zum Süßen gehören, die gleichzeitig die Sinne ansprechen. Es wird Ihnen Spaß machen, zu entdecken, wie gut Ihr inneres Kommunikationssystem funktioniert — wie Sinne und Farben zusammenwirken. Vielleicht stellen Sie sogar fest, daß einer Ihrer dominanten Sinne Ihnen alles verrät.

FARBE C   *Die Farbe, die Sie gewählt haben, hilft Ihnen zu verstehen, welche Sinneseindrücke Sie als besonders angenehm und befriedigend wahrnehmen.*

Wie schön ist es doch:

ROT   körperlich zufrieden zu sein;

ROSA   Erfüllung in der Liebe zu finden;

KASTANIE   emotional zufrieden zu sein;

ORANGE   alle Bedürfnisse befriedigt zu wissen;

PFIRSICH   mit sich selbst zufrieden zu sein;

GELB   allen Sinneseindrücken aufgeschlossen gegenüberzustehen;

MINZGRÜN   innere Ruhe und Ausgeglichenheit zu genießen;

APFELGRÜN	sich selbst ausdrücken zu können;
GRÜN	inneres Gleichgewicht und Gesundheit zu besitzen;
BLAUGRÜN (Türkis)	geistige Zufriedenheit zu erfahren;
HELLBLAU	kreativ befriedigt zu sein;
DUNKELBLAU	intellektuell zufrieden zu sein;
MALVE	die eigene Intuition zu akzeptieren;
LILA	Anerkennung der eigenen Sensibilität zu erfahren;
BRAUN	sich emotional sicher zu fühlen und von anderen akzeptiert zu werden;
SCHWARZ	sich gegenüber der eigenen Sensibilität abzuschirmen;
WEISS	sich von der Realität abzuschließen;
GRAU	nicht um die eigenen Sinneswahrnehmungen zu wissen;
SILBER	nicht um die eigenen Sinneswahrnehmungen zu wissen;
GOLD	nicht um die eigenen Sinneswahrnehmungen zu wissen.

INTERPRETATION DER FARBE D

Die Farbe D ist Ihre letzte Farbentscheidung, bei der Farben mit Empfindungen assoziiert werden. Die restlichen Farbinterpretationen betreffen die Farben für Gefühle und Einstellungen. Die Farben der heftigen Gefühle, mit denen wir uns hier befassen, korrespondieren mit Ihrem Tastsinn und der Sinneswahrnehmung, die diese Farben hervorrufen. Sie werden erneut feststellen, daß Sie, die Farben und Ihre Sinne intuitiv miteinander kommunizieren können.

FARBE D	*Ihre Farbe der heftigen Gefühle hilft Ihnen zu erkennen, welche Energie eine beunruhigende Wirkung auf Ihre Sinne ausübt. Sie ist so etwas wie die Farbe der inneren Anspannung.*

Sie fühlen sich unbehaglich bei:

ROT	unbeherrschter Wut;
ROSA	zu starker emotionaler Abhängigkeit;
KASTANIE	emotionaler Ausbeutung;
ORANGE	Uneinigkeit und Verwirrung;
PFIRSICH	Verlegenheit oder Scham;
GELB	ungerechtfertigter Kritik;
MINZGRÜN	Selbstzufriedenheit oder Inaktivität;
APFELGRÜN	emotionaler Verdrängung;
GRÜN	Verlust der persönlichen Freiheit;

BLAUGRÜN (Türkis)	persönlicher Desillusionierung;
HELLBLAU	ungelösten Problemen;
DUNKELBLAU	geistiger Erschöpfung;
MALVE	mangelnder Empfindsamkeit anderer;
LILA	Beschränkung durch Autoritäten;
BRAUN	übermäßigen Gefühlen von Sorge oder Schuld;
SCHWARZ	Verzweiflung oder Depression;
WEISS	Einsamkeit oder Isolation;
GRAU	Ablehnung oder Versagen;
SILBER	Unaufrichtigkeit oder Täuschung;
GOLD	Verlust materiellen Wohlstandes.

INTERPRETATION DER FARBE E

Fahren Sie mit der Interpretation der Antworten zu Ihrem Selbstporträt fort. Ihre Farbentscheidung zeigt Ihnen, wie gut Sie mit Ihren Gefühlen umgehen können, und wann Sie die größtmögliche Harmonie mit Ihrer inneren Stärke und Ruhe erreichen.

FARBE E   *Ihre Ruhefarbe hilft Ihnen, Ihre inneren Kräfte zu erkennen. Diese Kräfte dienen Ihnen als nie versiegende Quelle.*

Sie fühlen sich stark und emotional sicher, wenn Sie:

ROT   positiv und voller Energie sind und Ihre Emotionen ausdrücken;

ROSA   liebevoll, einfühlsam und mitleidsvoll sind;

KASTANIE   als Gastgeber freundlich zu Leuten sind und Ihre eigene Sinnlichkeit akzeptieren;

ORANGE   motiviert, konzentriert und organisiert sind;

PFIRSICH   sich selbst und anderen gegenüber großzügig sind;

GELB   sich anderen mitteilen und sich selbst ausdrücken;

MINZGRÜN   gelassen und mit sich und der Welt im reinen sind;

APFELGRÜN innovativ, gefordert, glücklich und gesund sind;

GRÜN   anderen voller Verständnis helfen;

BLAUGRÜN an sich selbst und an Ihr Vertrauen in andere glauben;
(Türkis)

HELLBLAU   kreativ und praktisch sind und weniger Ihrem Herzen als Ihrem Verstand gehorchen;

DUNKELBLAU für sich selbst und andere Verantwortung tragen;

MALVE   auf Ihre Intuition und Ihren Instinkt hören;

LILA	sich Ihrer Sensibilität bewußt sind und Ihrer inneren Stimme folgen;
BRAUN	selbstbewußt und selbstsicher sind und Ihren eigenen Wert sehen;
SCHWARZ	Selbstdisziplin üben und Ihren eigenen Richtlinien folgen;
WEISS	aufgeschlossen und offen für neue Einsichten und Ideen sind;
GRAU	entspannt, erholt und emotional neutral sind;
SILBER	anderen vertrauen und sie akzeptieren und sich selbst treu bleiben;
GOLD	zufrieden und erfolgreich sind und auf Ihr Ziel hinarbeiten.

INTERPRETATION DER FARBE F

Ihre Entscheidung bei Farbe F hilft Ihnen, durch die Sprache der Farben zu erkennen, wie Sie auf starke emotionale Reize reagieren. Sie drücken damit einen intensiven Teil Ihres Ich aus.

FARBE F	*Diese Farbe zeigt Ihre positive oder weniger positive Reaktion auf starke Eindrücke. Betrachten Sie beide Bedeutungen der Farbe. Sie vermitteln Ihnen vielleicht einen etwas besseren Einblick in Ihren gefühlsmäßig-intuitiven Kräftehaushalt.*

	Sie reagieren stark auf:	
	Positiv	Nicht so positiv
ROT	körperlich-emotionale Liebe;	Zorn;
ROSA	liebevolle Zuwendung;	zu starke Belastung;
KASTANIE	Eigenliebe;	Ausnutzung;
ORANGE	Befriedigung von Bedürfnissen (z. B. Nahrung);	Frustrationen;
PFIRSICH	Engagement für Gerechtigkeit;	Verlegenheit;
GELB	Anteilnahme;	Kritik;
MINZGRÜN	Bemühungen zur Selbstverwirklichung;	Inaktivität;
APFELGRÜN	Erneuerung;	Verdrängung;
GRÜN	gesundheitliche Bedürfnisse;	Langeweile;
BLAUGRÜN (Türkis)	idealistischen Glauben;	herablassendes Verhalten;
HELLBLAU	Erweiterung des Horizonts;	geistige Erschöpfung;
DUNKELBLAU	Entscheidungen;	Nervosität;
MALVE	Lenkung;	Mangel an Freiheit;
LILA	gesellschaftliche Anerkennung;	Verletzung der Intimsphäre;
BRAUN	persönliche Sicherheit;	Schuldgefühle;

SCHWARZ	Macht;	Niedergeschlagen-heit;
WEISS	mangelnde Reak-tion;	Trennung;
GRAU	keine Reaktion;	Erschöpfung;
SILBER	Ehre und Ideale;	Unwürdigkeit;
GOLD	materiellen Besitz;	Verluste.

INTERPRETATION DER FARBE G

Nun kommen wir zur fröhlichsten aller bisher getroffenen Farbentscheidungen. Warum? Weil Sie die Farbe G für etwas besonders Schönes gewählt haben. Sie drückt Ihre innere Freude aus. Wenn Sie sich ausgesprochen glücklich und angeregt fühlen, strahlen Sie diese Farbe aus. Ihre Emotionen senden deutliche Signale an Ihren Verstand und vermitteln so ein bestimmtes Bild von Ihnen:

FARBE G *Ihre Glücksfarbe zeigt Ihnen Ihr glückliches, kommunikatives Ich.*

Sie fühlen sich am glücklichsten, wenn Sie:

ROT positiv denken und handeln können und positive Ergebnisse sehen;

ROSA mit sich selbst eins sind und die Zuneigung anderer akzeptieren, weil Sie diese mögen;

KASTANIE emotional entspannt sind, sich sicher fühlen und Spaß haben;

ORANGE	Motivation aus sich selbst heraus erfahren, organisiert sind und konzentriert auf Ihre Ziele zusteuern;
PFIRSICH	in humanitären Aktivitäten Zuneigung und Verantwortung erfahren;
GELB	sich selbst ausdrücken und sich anderen mitteilen;
MINZGRÜN	Ihr Bewußtsein über sich selbst erweitern;
APFELGRÜN	neue Projekte und Abenteuer beginnen und Herausforderungen annehmen;
GRÜN	anderen dabei helfen, Ihre innere Ausgeglichenheit wiederzufinden;
BLAUGRÜN (Türkis)	Ihren Überzeugungen folgen und danach handeln;
HELLBLAU	Ihre Kreativität als Möglichkeit zur Lösung von Problemen einsetzen;
DUNKELBLAU	Verantwortung übernehmen und andere lenken und weiterbilden;
MALVE	Ihre Intuition einsetzen, um anderen zu helfen;
LILA	Ihrer Sensibilität vertrauen und sie als etwas Wertvolles erkennen;
BRAUN	sich Ihrer persönlichen Begabungen sicher sind, die Ihnen beim täglichen Überlebenskampf helfen;
SCHWARZ	sich selbst unter Kontrolle haben und Autorität ausstrahlen;

WEISS	neuen Ideen und Wahrnehmungen über sich selbst und Ihren Plänen aufgeschlossen gegenüberstehen;
GRAU	entspannt sind, nicht zu sehr vereinnahmt werden und nicht unter Streß leiden;
SILBER	sich selbst treu sind und an Ihren eigenen Wert glauben;
GOLD	durch die Verwirklichung persönlicher Ziele, durch Erfolg und Wohlstand angeregt werden.

Sie sind jetzt am Ende der gesamten SICA — Diagramm I und II — angelangt und haben so Ihr farbliches Selbstporträt ermittelt. In Diagramm I haben Sie Ihre Kreativität genutzt, um sich selbst und Ihre kommunikativen Stärken zu erkennen. In Diagramm II haben Sie Ihre Farbempfindungen eingesetzt, um Erkenntnisse über Ihr intuitives Ich zu erhalten. Vielleicht hilft es Ihnen, einen besseren Überblick über Ihr gesamtes Selbstporträt zu bekommen, wenn Sie die verbalen Deutungen Ihrer Farbentscheidungen im Zusammenhang notieren: wie Sie glauben, sich selbst zu sehen, und welche Empfindungen Sie sich selbst gegenüber haben.

In den nächsten Kapiteln lernen Sie, sich Ihr SICA-Porträt zunutze zu machen, indem Sie Ihr Porträt nicht nur deuten, sondern auch erkennen, wie Sie Ihre persönlichen Ergebnisse praktisch verwerten können. Versuchen Sie es beispielsweise einmal mit der Zusammenstellung einer farblich kommunikativen Garderobe, um ein besseres Image von sich selbst zu präsentieren und eine höhere Produktivität zu erlangen.

3

Wie Sie Ihr Leben mit Hilfe der SICA verbessern können

Die SICA-Porträts können Ihnen nur dann Anregungen bieten, wenn Sie Ihre persönlichen Begabungen nutzen wollen. Die SICA vermittelt Ihnen Ihre Talente, aber Sie müssen selbst danach handeln.

Ihr Porträt kann Ihnen künstlerisch zu einer besseren Kenntnis Ihrer selbst verhelfen. Es bietet Ihnen Möglichkeiten zu größerem Verständnis, zu Inspiration und Motivation. Im folgenden finden Sie einige Richtlinien zur weiterführenden Interpretation Ihrer SICA.

Lassen Sie die Farben, die Sie gewählt haben, ein paar Minuten auf sich wirken, nachdem Sie die Deutungen Ihrer Farbentscheidungen aus den Diagrammen I und II Ihres Selbstporträts gelesen haben.

RICHTLINIE 1 Stellen Sie fest, wie oft Sie ein und dieselbe Farbe in den beiden Diagrammen wiederholt haben: einmal, mehrmals, häufig.

Wo, in welcher Position oder mit welcher Zahlenentscheidung wiederholen Sie dieselbe Farbe?

IHR SELBSTPORTRÄT

DIAGRAMM I	DIAGRAMM II

FARBE ( ) 1   FARBE ( ) A

FARBE ( ) 2   FARBE ( ) B

FARBE ( ) 3   FARBE ( ) C

FARBE ( ) 4   FARBE ( ) D

FARBE ( ) 5   FARBE ( ) E

FARBE ( ) 6   FARBE ( ) F

FARBE ( ) 7   FARBE ( ) G

Lesen Sie noch einmal die Deutung der Farbentscheidung für die Farbe, die Sie mehrmals verwendet haben. Diese Farbe sagt sehr viel über Sie aus, sie ist sozusagen eine Botschaft, die Sie an sich selbst aussenden.

Denken Sie daran, daß Sie Ihre Farben intuitiv gewählt haben. Deshalb ist Ihr Selbstporträt eine ganz und gar persönliche Anordnung *Ihrer* Farben, nicht der Ihrer Freunde, Kollegen oder Familienangehörigen.

RICHTLINIE 2 Gehen Sie noch einmal Diagramm I durch und sehen Sie sich besonders Ihre Inspirationsfarbe (Farbe 2), Ihre Farbe des inneren Ausgleichs (Farbe 3) und Ihre Motivationsfarbe (Farbe 7) an. Sie sind positive Erweiterungen Ihres Images, weil sie Ihnen zu gutem Aussehen und Wohlbefinden verhelfen. Wenn Sie diese »Farbreaktionsdeutungen« erleben, ist Ihre Kommunikation mit Ihrer Umgebung gut, und Sie zeigen von sich ein positives Image.

Ihre Inspirations-, Ausgleichs- und Motivationsfarbe sagt Ihnen nicht, welcher Beruf für Sie der beste ist, aber sie zeigt Ihnen, was sie gern tun und wobei Sie sich wohl fühlen.

Im nächsten Kapitel werfen wir einen genaueren Blick darauf, wie und wann Sie diese Farben tragen sollten. Zunächst einmal sollten Sie sich jedoch mit den Farben vertraut machen, die Sie gewählt haben.

RICHTLINIE 3 Wenn Sie sich an die Farbe erinnern, die Sie am wenigsten mögen, und an Situationen, die Sie gern verbessern möchten, haben Sie Gelegenheit, eine Ihrer Schwächen besser kennenzulernen. Diese Farbe vermittelt Ihnen mit Sicherheit keine positiven Gefühle. Deshalb sollten Sie sie weder in Ihrer Garderobe noch in Ihrer unmittelbaren Umgebung einsetzen. Da es noch tiefergehende Deutungen dieser Farbe gibt, sollten Sie jetzt nicht allzuviel Zeit dafür verwenden. Lassen Sie sich vielmehr von den positiven Farben Ihres kreativen Ausdrucks leiten.

RICHTLINIE 4 Ihre Farbwahl im Diagramm II zeigt Ihnen, wie sehr Sie mit sich selbst durch Empfindungen harmonieren. Sie gewährt Ihnen Einblick in Ihr »intuitives Ich«. Mit Hilfe Ihrer Farbentscheidung erkennen Sie, wodurch Sie möglicherweise glücklicher und zufriedener werden könnten.

Ihre Gefühlsfarbe zeigt Ihre allgemeine Gemütsverfassung. Sehen Sie sich noch einmal die Deutung Ihrer Einschätzung von sich selbst an (Farbe A). Die Farbe benötigt eigentlich keine weitere Erklärung, denn Sie müssen nur noch einen Blick auf Farbe B werfen, um Ihre Veränderungswünsche zu erkennen. Sie haben sich durch Ihre Farbantwort auf Farbe B intuitiv selbst mitgeteilt, was Sie gerade benötigen. Diese Antwort zeigt Ihnen, wie Sie ihre gegenwärtigen Bedürfnisse befriedigen können.

RICHTLINIE 5 Vielleicht überlegen Sie, wie Sie die Farbe bestimmen, die Ihre gegenwärtigen Probleme aufzeigt. Indem Sie Ihre Intuition befragen, können Sie herausfinden, mit welcher Art von Streß Sie Schwierigkeiten haben. Ihre Farbantwort auf die Frage D kann Ihnen dabei helfen. Diese Farbe deckt Ihre nonkommunikativen inneren Belastungen auf.

Die Möglichkeit zur Bewältigung dieser Belastungen finden Sie bei Farbe E. Die dortige Farbentscheidung spiegelt Ihre größte Verbundenheit mit Ihrer inneren Kraft wider. Lesen Sie die Deutung mehrmals, und bestärken Sie sich selbst: »Ich fühle mich stark und emotional sicher, wenn...«

RICHTLINIE 6 Die letzte Farbentscheidung Ihres Selbstporträts — Farbe G — gehört zu den wichtigsten. Sie hilft Ihnen, Ihr glückliches, kommunikatives Ich zu erkennen, das innerlich zwischen Gefühlen und Intellekt und äußerlich zwischen Ihnen selbst und der Welt vermittelt. Diese Farbe läßt sich überall und immer verwenden. Ihre Deutung drückt aus, wodurch Sie zu einem in sich ruhenden und glücklichen Ich gelangen.

Nachdem Sie Ihr Selbstporträt analysiert haben, werden Sie vielleicht gern erfahren, wie sich andere die SICA zunutze gemacht haben. Auf den folgenden Seiten finden Sie einige Geschichten, wie andere Menschen mit der SICA umgegangen sind. Sie können vergleichen, welche Farben sie gewählt haben und wie sie von der SICA geleitet worden sind. Alle Namen sind frei erfunden, doch die Geschichten sind wahr.

WIE EINE HAUSFRAU IHRE KREATIVITÄT IN DIE TAT UMSETZTE

Ich lernte Patricia, eine Hausfrau, kennen, nachdem ein Freund ihr vorgeschlagen hatte, eine SICA zu machen, damit sie endlich wieder aus dem Krankenhaus herauskäme. Dieser Freund bezahlte die erste SICA und brachte ihr die Unterlagen sogar ins Krankenhaus, damit sie sie dort ausfüllen konnte.

Nach zwei Wochen erschien eine schöne Frau in meinem Büro, die sich selbst, ihre Einstellung, das Bild, das sie nach außen vermittelte und ihren Lebensstil verändern wollte. Ihre SICA hatte sie als »kreativ« (hellblau) und ihre Inspiration, die Farbe 2 (gelb), als »kommunikativ« ausgewiesen. Unglücklicherweise konnte sie diese Qualitäten unter ihren gegenwärtigen Lebensumständen nicht ausleben.

Die Farbe, die sie am wenigsten mochte — Farbe 6, gelbgrün —, zeigte an, daß sie keine Möglichkeiten hatte, sich selbst auszudrücken. Es fiel ihr schwer, einen wirklichen Sinn in ihrem Leben zu finden. Sie hatte sich selbst und ihre Bedürfnisse aus den Augen verloren. Im Verlauf des nächsten Jahres, nach weiteren vier SICAs und einer einmonatigen Anleitung durch einen Berater, kam allmählich ein positives Bild von Patricia zum Vorschein.

Da Patricia schon früh geheiratet und Kinder bekommen hatte, hatte sie noch nie in einer Firma gearbeitet. Aufgrund ihrer neuen Einstellung zu sich selbst fand sie schließlich eine Stelle als Empfangsdame. Sie arbeitete weiter an der Entwicklung ihrer positiven Fähigkeiten, die ihr Anerkennung durch andere brachten.

Heute ist sie als leitende Angestellte tätig, unabhängig und glücklich. Sie hat einen Beruf, in dem ihre Fähigkeit zur Kommunikation und Kreativität ihr Selbstbewußtsein erhöht, das ihr die SICA verliehen hat. Die Metamorphose einer unsicheren, mütterlichen und unglücklichen in eine selbstsichere, positiv denkende Frau vollzog sich innerhalb weniger Monate. Die SICA half Patricia dabei, für sich wieder einen Sinn im Leben zu finden.

WIE EIN MAKLER ZUM MANAGER WURDE

Als John mich zum erstenmal in meinem Büro aufsuchte, war er Vertreter einer großen Maklerfirma. Nicht nur der Markt, sondern auch er selbst befanden sich in einer Depression. Die SICA bestätigte seine Eindrücke von sich selbst. Sie zeigte ihm außerdem, daß seine Stärken seine organisatorischen Fähigkeiten (dunkelblau, Kreis 2) und seine Aufrichtigkeit sowie seine »starke Schulter« (Kreis 1, braun) waren. Andere Menschen erkannten diese Stärken, und er selbst mußte sie sich nur tagtäglich bewußt machen, um seine lustlose Lebenseinstellung zu verändern. John machte seine SICA Spaß, und er fühlte sich durch sie motiviert.

In einem Raum mit vierzig oder mehr anderen Maklern, von denen einige nicht gerade beste Laune hatten, war es John schwergefallen, sich positiv zu geben. Nun machte er sich jedoch mit neuem Eifer wieder an seine Karriere. Er trat in neuen Farben auf, trug hauptsächlich dunkles Blau und Brauntöne. Er gestaltete auch seine unmittelbare Umgebung mit Erdtönen und legte sogar ein großes Stück versteinertes Holz auf seinen Schreibtisch. So nutzte er seine neuen Erkenntnisse über seine Stärken. Am Ende seiner Bemühungen standen Anerkennung und finanzielle Sicherheit — Kreis B (orange), ein erfüllter Wunsch.

Heute sitzt er in der Chefetage seiner Maklerfirma und ist motivierter Vorgesetzter von Hunderten von Vertretern. John ist an der Spitze, und durch seine neue Stellung hat er es nun auch geschafft, die Farbe Gold in sein Farbspektrum aufzunehmen.

WIE EIN UNENTSCHLOSSENER ENTSCHEIDUNGSFÄHIG WURDE

Ein Politiker, für dessen Wahlkampf ich die Farben zusammengestellt hatte, verwies einen Mann namens Richard an mich. Dieser wollte Erkenntnisse über sich selbst gewinnen, weil er nicht wußte, welche Entscheidung er treffen sollte. Er stand vor mehreren Entscheidungen im Berufs- und im politischen Leben.

Die Farbe, die er am wenigsten mochte — Kreis 6 —, war schwarz, aber trotzdem trug er einen schwarzen Anzug, um sich selbst darzustellen. Seine SICA zeigte gute Organisationsfähigkeit (Kreis 1, orange) und einen Ausgleich mit selbständigen Führungsqualitäten (Kreis 3, dunkelblau). Er sehnte sich nach einer kommunikativen Herausforderung (Kreis 7, gelb) und Veränderungen (Kreis B, apfelgrün). Sein geheimer Wunsch war es, ein neues Projekt aufzubauen und zu organisieren (Kreis G, orange).

Richard fand sein neues Abenteuer, seine neue Herausforderung und seine neue Freiheit. Er wurde der Leiter (Kreis 1, rot) und Repräsentant (Kreis 2, gelb) einer politischen Gruppe, in der er seine Organisations- und Führungsqualitäten (dunkelblau und orange) einsetzen konnte. Diese berufliche Veränderung brachte ihm reichen Lohn, gab seinem Leben wieder einen Sinn und verschaffte ihm Befriedigung. Die SICA half Richard nicht nur bei der Darstellung seines Images (er trug beispielsweise keinen schwarzen Anzug mehr — Kreis 6, schwarz), sondern sie verlieh ihm noch zusätzliche Einsichten, die ihm dabei halfen, eine ihn ausfüllende Laufbahn einzuschlagen.

WIE EINE LEHRERIN
ZUR GESCHÄFTSFRAU WURDE

Ein Gefühl des Ausgebranntseins als Ergebnis eines zu hohen Zeit- und Energieaufwandes ohne finanzielle oder emotionale Belohnung gehört zu den Hauptbelastungen des Erziehers. Auch Jane hatte dieses Problem. Sie hatte den Punkt erreicht, wo sie aus ihrem Lehrberuf aussteigen wollte. Ihre SICA zeigte zuviel Geben (Kreis 6, rosa) und zuwenig Anerkennung (Kreis B, orange) sowie einen starken Hang zur Kreativität (Kreis 2, hellblau). Der richtige Weg für Jane bestand darin, die Farbe Rosa fast ganz aus ihrer Garderobe zu verbannen, und dafür mehr Grün- und Pfirsichtöne aufzunehmen, um so ihre Belastung (Kreis 6, rosa) auszugleichen. Sie sehnte sich nach einem kreativen Hobby, um Anregungen zu erhalten.
Nach der SICA meldete sich Jane für einen Kurs über Immobilienhandel an. Obwohl sie diese Tätigkeit nur als Teilzeitbeschäftigung ausüben konnte, motivierte ihr neuer Beruf sie so sehr, daß sie ihre eigene Immobilienfirma aufbaute.

Sie berät heute als erfolgreiche Geschäftsfrau nicht nur ihre Kunden über Immobilienkäufe, sondern organisiert auch Kurse für Neulinge in der Branche, in denen diese lernen, auf die Bedürfnisse der Kunden einzugehen. Ihr Einkommen ist inzwischen dem eines gutbezahlten Managers vergleichbar. Ihr größter Lohn besteht jedoch in ihrem Wissen um die Kreativität ihrer Tätigkeit (hellblau).

WIE EINE VERTRETERIN ERFOLGREICH WURDE

Carol hatte bereits eine Menge Zeit und Geld in Bücher, Kurse und Kassetten über positives Denken investiert, um mehr Erfolg in ihrer Außendienstkarriere zu haben. Nachdem sie ihre Stelle als Sekretärin aufgegeben hatte, um Vertreterin zu werden, suchte sie nach einem neuen Image von sich selbst. Andere Frauen in ähnlichen Berufen trugen dunkle, nüchterne Kleidung. Ihr SICA-Porträt zeigte sie jedoch in warmen, sonnigen Farben: Kreis 1 (gelb), Kreis 2 (orange) und Kreis 3 (gold). Sie war sich nicht sicher, ob diese Farben ihren Umsatz fördern würden. Trotzdem kaufte sie, wenn auch nur zögernd, neue Kleidung in Goldtönen. Ihre Farben zeigten Kommunikation (gelb), Organisation (orange) und Erfolge oder gute Leistungen (gold) als Ausgleich. Ihr gefiel ihr neues Image von sich selbst.

In den ersten sechs Monaten verdoppelte sie ihre Vertragsabschlüsse, und bereits am Ende desselben Jahres war sie die erfolgreichste Vertreterin einer großen Versicherungsgesellschaft. Inzwischen sind mehrere Artikel über ihr Verkaufsgeschick, ihre Einstellung zum Beruf und über den einzigartigen Eindruck, den sie auf andere macht, veröffentlicht worden. Carol betrachtet die SICA als Grundlage ihres Erfolges.

WIE EIN STUDENT SICH NEU ORIENTIERTE

Die SICA macht lediglich deutlich, was wir ohnehin über uns selbst wissen. Einem zwanzigjährigen Collegestudenten, der sich über seine berufliche Ausrichtung unklar war, verschaffte die SICA wichtige Erkenntnisse. Bill kam unsicher (Kreis A, braun) und frustriert (Kreis F, orange) zu mir ins Büro, um mich um Hilfe zu bitten. Sein SICA-Profil wies Kreativität (Kreis 1, hellblau) sowie Liebe zur Natur (Kreis 3, braun) auf. Er begehrte gegen das System, die Farbe, die er am wenigsten mochte (Kreis 6, lila), auf. Er interessierte sich für das Ingenieurwesen (Kreis 4, orange), doch sein Hauptfach im College war Englisch.

Nachdem er durch das Farbenporträt mehr über sich erfahren hatte, beschloß er, seine Studienfächer zu wechseln. Er hat mittlerweile einen Abschluß als Bergbauingenieur gemacht, ist glücklich verheiratet und arbeitet in einem Beruf, den er liebt. Er setzt seine Kreativität (hellblau) bei der Entwicklung von praktischen Nutzungsmöglichkeiten für Bergbaunebenprodukte ein. Seine Frau, eine professionelle Töpferin, hat sich auf Glasuren in Regenbogenfarben spezialisiert.

Dieser junge Mann wurde mit Hilfe der SICA von einem verwirrten Studenten mit den falschen Studienfächern zu einem zufriedenen Bergbauingenieur (orange und braun), der zu seiner Kreativität (hellblau) gefunden hat.

WIE AUS EINER KRANKENSCHWESTER EINE LEITENDE ANGESTELLTE WURDE

Die Krankenschwester Cindy machte ihre erste SICA nach einer achtstündigen Schicht im Krankenhaus. Sie fühlte sich emotional unzufrieden und suchte nach Veränderungen. In ihrer Frustration glaubte sie, zu keinem anderen Beruf als zur Krankenschwester zu taugen. Sie fragte sich, was sie tun solle. Die SICA zeigte sie als menschenfreundlich (Kreis 1, grün), begierig auf Veränderung und Herausforderung (Kreis B, apfelgrün) und frustriert — die Farbe, die sie am wenigsten mochte (Kreis 6, orange). Ihre Stärken wiesen auf Führungsqualitäten (Kreis 2, dunkelblau) und kommunikative Fähigkeiten (Kreis 3, gelb) hin.

Sie akzeptierte ihr Selbstporträt und ersetzte ihre Farben Weiß, Grün und Hellblau durch Gold-, Gelb-, dunkle Blau- und Pfirsichtöne. Da ihr Vater als Vertreter erfolgreich war, begann sie sich nach einer ähnlichen Arbeit umzusehen.

Ein großer Konzern stellte sie als Kundenberaterin in der Steuerabteilung ein. Ihr Image veränderte sich zu dem einer liebenswürdigen und attraktiven Frau. Ihre Kollegen konnten gar nicht glauben, daß diese schöne Frau jemals unscheinbar und unsicher gewesen sein sollte. Sie war nun glücklich und erfolgreich und konnte ihre humanitären Ziele verfolgen. Durch ihr positives Bild von sich selbst hatte sie auch größere Selbstachtung. Sie berät mittlerweile andere Menschen, wie deren eigenes Image dazu beitragen kann, ihre Probleme zu lösen. Ihre SICA war der Anstoß zu einem neuen Anfang.

4

Ihre Farben

Sie haben Ihre SICA interpretiert und können jetzt damit beginnen, Ihre Farbentscheidungen bei der Zusammenstellung Ihrer Garderobe zu berücksichtigen. Modeschöpfer und Farbberater unterscheiden Farben normalerweise in warme und kalte oder kontrastierende Töne sowie nach Intensität, Design und Stil. In diesem Kapitel betrachten Sie Ihre Kleidungsfarben als »Energiefarben«, die Ihr eigentliches Ich unterstreichen, und Ihnen — was noch wichtiger ist — ein Gefühl des Wohlbehagens verschaffen.

Imageberater behaupten, daß der gesellschaftliche und wirtschaftliche Status eines Menschen an seiner Kleidung zu erkennen ist. Der erste Eindruck, den man durch seine Erscheinung macht, ist in letzter Zeit so in den Mittelpunkt des Interesses gerückt, daß es mittlerweile eine große Auswahl von Informationen zum Thema »Wie kleide ich mich erfolgreich« gibt. Empirische Untersuchungen haben erwiesen, daß Kleidungsstil und -farbe eine sehr persönliche Aussage darstellen und oft die Glaubwürdigkeit des beruflichen Images unterstreichen. Die meisten Forscher sind sich einig, daß der Kleidungsstil eines Menschen seine Persönlichkeit ausdrückt und Hinweise auf sein Sozialverhalten gibt. Stellen Sie sich vor, um wieviel erfolgreicher Sie sein können, wenn Ihre Garderobe Ihr wahres Ich betont und nicht das, was *andere* gerne in Ihnen sehen würden!

IHR SELBSTPORTRÄT

DIAGRAMM I	DIAGRAMM II

FARBE ( ) 1   FARBE ( ) A

FARBE ( ) 2   FARBE ( ) B

FARBE ( ) 3   FARBE ( ) C

FARBE ( ) 4   FARBE ( ) D

FARBE ( ) 5   FARBE ( ) E

FARBE ( ) 6   FARBE ( ) F

FARBE ( ) 7   FARBE ( ) G

Sie haben sich in der Sprache der Farben, der SICA, ausgedrückt. Egal, welchen Aspekt Ihres Ich Sie betonen wollen — Ihre Stärken, Gefühle oder Kreativität — Ihre Farbentscheidungen der SICA ermöglichen es Ihnen.

Stimmen Sie immer Ihre Farben auf Ihre Gefühle ab. Berühren Sie, bevor Sie sich anziehen, die Kleidung, die Sie tragen wollen, mit der linken Hand. Lassen Sie die Energie der Farbe einen Augenblick lang auf sich wirken. Wenn Sie das jeden Morgen tun, werden Sie immer sensibler für die verschiedenen Schwingungen der Farben. Wenn Sie Schwierigkeiten beim *Fühlen* der Farben haben, versuchen Sie, die Farben der Kleidung intensiv zu *sehen*. Mit Hilfe dieser Methoden werden Sie schon bald in der Lage sein, »sich erfolgreich zu kleiden«. Alle Farben, die Sie tragen, werden dann als positive Energie — ähnlich dem Sonnenlicht — wirken.

Achten Sie darauf, wie die Farben am Tag und in der Nacht auf Sie wirken. Sie fühlen sich am Arbeitsplatz anders als zu Hause. Es ist nicht nur eine Frage der Ästhetik, wenn Sie Ihre Kleidung und damit die Farben nach der Arbeit wechseln, sondern dies wirkt sich auch günstig auf Ihre Gesundheit und innere Ruhe aus. Farben stimulieren, und diese Stimulation kann auch zuviel werden. Deshalb sollten Sie nicht nur eine einzige Farbe ohne jeglichen Kontrast tragen, sondern im Laufe des Tages mit zwei oder drei Farben variieren. Wenn Sie trotzdem zufällig einen Tag lang eine einzige Farbe getragen haben, sollten Sie sich umziehen, sobald Sie zu Hause sind. Viele Leute kleiden sich gern völlig in Schwarz. Doch ohne Aufhellung wirken Sie damit so streng und düster, daß ihre Kommunikation und ihr Energieaustausch mit anderen eher gering ist. Unter Umständen fühlen sie sich am Abend dann deprimiert und niedergeschlagen. Ein bißchen Weiß, Rot, Rosa oder Grau zu ihrer Grundfarbe Schwarz kann dieses Gefühl erstaunlich beeinflussen. Es ist allerdings genauso falsch, nur Weiß zu tragen, weil diese Farbe ein Gefühl der Einsamkeit erzeugt. Ein roter Gürtel oder Schal, bunte Schuhe, eine Handtasche oder Schmuck wirken dem Gefühl der Einsamkeit entgegen und machen Sie in Ihrer Ausstrahlung nicht nur einzigartig, sondern auch sexy.

Der Umgang mit der SICA zur Zusammenstellung der Garderobe ist sehr leicht zu lernen. Sie müssen lediglich persönliche Farben aus Ihrem intuitiven Selbstporträt auswählen und in die Auswahl Ihrer Kleidung integrieren. Um Ihre »Energie- und Kommunikationsfarben« zu erkennen, stellen Sie am besten einen Farb- und Garderobenplan auf, der Ihre ganz speziellen Bedürfnisse in Beruf und Privatleben berücksichtigt. In diesem Plan werden Farben für Arbeit, Freizeit, positive Selbstdarstellung, stärkeren Schutz vor Streß und größeres Durchhaltevermögen erfaßt.

FARB- UND GARDEROBENPLAN

FARBEN FÜR DIE ARBEIT

Ihre berufliche Tätigkeit — in Haushalt, Büro, Verkaufsbereich oder in der Fabrik — erfordert bestimmte Farben, die Ihnen zu einem guten und erfolgreichen Tag verhelfen. Am besten verwenden Sie Ihre ganz persönlichen SICA-Farben, um herauszufinden, wie Sie eine positive Selbstdarstellung mit einem guten inneren Gefühl verbinden können.

Beginnen Sie mit Diagramm I Ihrer SICA und notieren Sie:

    Farbe 1 . . . . . . (Ihre Persönlichkeitsfarbe)
    Farbe 2 . . . . . . (Ihre Inspirationsfarbe)

FARBEN FÜR DIE ARBEIT

DIAGRAMM I

FARBE   1 ———————— ◯

FARBE   2 ———————— ◯

FARBE   3 ———————— ◯

FARBE   4 ———————— ◯

FARBE   7 ———————— ◯

DIAGRAMM II

FARBE   B ———————— ◯

FARBE   E ———————— ◯

Farbe 3 . . . . . . (Ihre Farbe des inneren Ausgleichs)
Farbe 4 . . . . . . (Ihre Selbstdarstellungsfarbe)
Farbe 7 . . . . . . (Ihre Motivationsfarbe)

Fangen Sie bei der Auswahl der Farben für Ihre tägliche Garderobe mit Ihrer Inspirationsfarbe und der des inneren Ausgleichs
an. Diese beiden Farben sind für Ihre Kleidung am wesentlich-
sten. Es gibt sie in vielen Nuancen — eher gedämpft oder auch
lebhafter —, die Sie je nach Ihrer Verfassung wählen können.
Ihre *Inspirationsfarbe* (Nummer 2) verhilft Ihnen während des
Tages zu guter Stimmung.
Ihre *Farbe des inneren Ausgleichs* (Nummer 3) ist eine unterstüt-
zende Farbe, die Ihnen während des Tages Sicherheit verleiht.
Da Sie sich mit der Farbe Nummer 1 ohnehin als Persönlichkeitsfarbe identifiziert haben, brauchen Sie sie bei Ihrer Kleidung nicht als dominante Farbe einsetzen. Sie sollten sie eher
als die Farbe tragen, die den Grundton Ihrer Kleidung akzen-
tuiert und ihm untergeordnet ist (zum Beispiel als Bluse oder
Krawatte).
Die anderen Farben Ihrer SICA, Nummer 4, Ihre *Selbstdarstellungsfarbe,* und Nummer 7, Ihre *Motivationsfarbe,* dienen der
Verstärkung und Unterstützung des Images, das Sie nach außen zeigen. Sie können diese Farben tragen, so oft Sie wollen.
Nachdem Sie Ihre fünf Grundfarben für die *Arbeit* notiert haben, sollten Sie sich noch einige weitere Fragen stellen, um zu
der bestmöglichen Zusammenstellung Ihrer Garderobe zu gelangen: »Welche Farben trage ich normalerweise gern? Stimmen meine Lieblingsfarben mit meinen SICA-Farben über-
ein?« Falls Sie wissen, welcher saisonale Farbtyp Sie sind: »Be-
stehen Ähnlichkeiten mit Ihren SICA-Farben?«
Nehmen Sie sich Zeit für einen Blick in Ihren Kleiderschrank,
um zu sehen, welche Farben Sie bereits haben. Oder entscheiden Sie, welche Farben sich mit Ihrer Farbe der Inspiration, des

inneren Ausgleichs, der Selbstdarstellung, der Persönlichkeit und der Motivation kombinieren lassen.

Sie werden feststellen, daß zwei Ihrer Gefühlsfarben ebenfalls in die Planung Ihrer Arbeitskleidung passen.

Farbe B . . . . . . (Ihre Bedürfnisfarbe)
Farbe E . . . . . . (Ihre intuitive Ruhefarbe)

Ihre Gefühlsfarbe (B) kann Ihnen eine wertvolle Stütze sein, die Ihnen nicht nur mehr Energie für den Tag gibt und Ihre Stimmung hebt, sondern auch Ihre Einstellung zu sich selbst verbessert. Die Bedürfnisfarben bringen Ihnen Glück in der Liebe, im Beruf oder vielleicht auch nur bei neuen Möglichkeiten. Sie können sie einsetzen, um optimistischer zu werden und Ihren persönlichen Erfolg zu vergrößern. Und natürlich verstärkt diese Farbe auch Ihre Zufriedenheit.

Als beruhigende Farbe für hektische Tage ist Farbe E, Ihre Ruhefarbe, eine gute Wahl. Denken Sie daran, daß Sie Ihre Ausgeglichenheit bei der Arbeit und in der Freizeit vermitteln. Diese Farbe kann Ihnen helfen, sich Ihre Energie sinnvoll einzuteilen, und den ganzen Tag ruhig und ausgeglichen zu bleiben.

FARBEN FÜR DIE FREIZEIT

Wählen Sie aus Diagramm I:

Farbe 2 . . . . . . (Ihre Inspirationsfarbe)
Farbe 3 . . . . . . (Ihre Farbe des inneren Ausgleichs)

Wählen Sie aus Diagramm II:

Farbe B . . . . . . (Ihre Bedürfnisfarbe)
Farbe C . . . . . . (Ihre Farbe der süßen Speisen)
Farbe G . . . . . . (Ihre Glücksfarbe)

Die Farben 2, 3, B, C und G sind die idealen Farben für Spiel und Freizeit. Vielleicht haben Sie eine oder mehrere Farben mehrmals gewählt. Wenn ja, ist diese Wahl ein »Muß« für Ihre Kleidung in der Freizeit.

FARBEN FÜR DIE POSITIVE SELBSTDARSTELLUNG

Wählen Sie aus Diagramm I:

Farbe 2 . . . . . . als Kleidungsfarbe oder als Akzent
(z. B. als Bluse oder Krawatte)
Farbe 3 . . . . . . als Kleidungsgrundfarbe oder als
Akzent (z. B. als Bluse oder Krawatte)
Farbe 7 . . . . . . als Akzent
Farbe G. . . . . . als Akzent

FARBEN ZUM SCHUTZ UND ZUR STEIGERUNG DER AUSDAUER

Wählen Sie aus Diagramm I:

Farbe 3 . . . . . . alle Schattierungen dieser Farbe

Wie Sie bereits gelesen haben, hilft Ihnen Farbe 3 dabei, sich stark und sicher zu fühlen. Wenn Sie dieser Farbe aus irgendeinem Grund einmal müde werden, sollten Sie sich eine andere stärkende Farbe für Ihre Garderobe wählen. Im folgenden finden Sie eine Übersicht von Schutzfarben, die Ihnen bei der Auswahl einer Alternative zu Farbe 3 dienen soll. Vielleicht suchen Sie sich sogar mehrere aus; das liegt ganz bei Ihnen.

FARBEN FÜR DIE ARBEIT

DIAGRAMM I

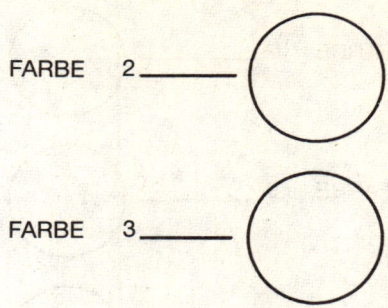

FARBE 2

FARBE 3

DIAGRAMM II

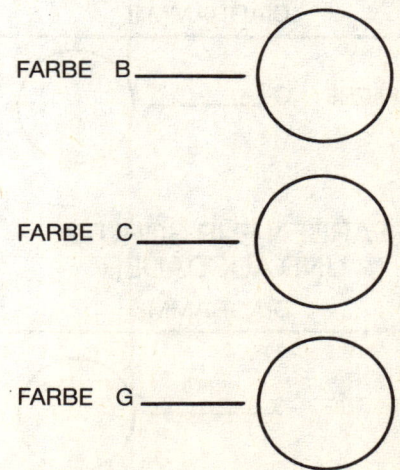

FARBE B

FARBE C

FARBE G

FARBEN DER POSITIVEN
SELBSTDARSTELLUNG

DIAGRAMM I

FARBE   2 _____   ◯

FARBE   3 _____   ◯

FARBE   7 _____   ◯

DIAGRAMM II

FARBE   G _____   ◯

FARBEN FÜR SCHUTZ
UND AUSDAUER

DIAGRAMM I

FARBE   3 _____   ◯

SCHUTZFARBEN

Sie können Ihre Schutzfarben genauso verwenden wie Farbe 3, Ihre Farbe des inneren Ausgleichs, denn sie verleihen Ihnen zusätzliche Sicherheit in Streßsituationen oder in Zeiten, in denen Ihre Ausdauer besonders strapaziert wird. Bei längeren oder kürzeren Reisen können Ihre Farben Ihnen beispielsweise dabei helfen, Sie vor äußeren Belastungen, wie großen Menschenansammlungen, zu schützen. Viele Menschen fühlen sich während Ihrer täglichen Autofahrt zum und vom Büro, bei Flügen und bei langen Urlaubsreisen erschöpft und gestreßt. Besonders Vertreter, die ständig unterwegs sind, sollten sich ihre Schutzfarben zunutze machen. Sie lassen sich auch zur Unterstützung und Bestätigung im Beruf einsetzen. Sie werden feststellen, daß die Intensität dunkler oder leuchtender Farben in Ihrer Kleidung Sie stärkt. Statt der Botschaft »Ich habe genug« vermittelt Ihre Schutzfarbe eher das Gefühl »Ich fühle mich stark und sicher«.

ROT (Scharlach-, Kirsch- oder Kadmiumrot)	wirkt körperlicher Erschöpfung entgegen;
ROSA (Pink, Magenta, Pflaume)	löst geistige Spannungen;
KASTANIE (Wein-, Burgunder-, Preiselbeerrot)	schützt vor Eindringlingen von außen;
ORANGE (Gebranntes Orange, Rost, Ingwertöne)	gleicht Verwirrung aus;

SCHUTZFARBE
Ich trage mein marineblaues Kostüm,
um mich vor Streß zu schützen.

PFIRSICH (Aprikose, Koralle, Lachs)	schützt vor Energieverlust;
GELB (Honiggelb, Zitronen- oder Sonnengelb)	wirkt Niedergeschlagenheit entgegen;
MINZGRÜN (Aqua, helles Türkis, Meergrün)	beruhigt bei emotionalem Streß;
APFELGRÜN (Sellerie, Erdgrün, Olive)	wirkt Nervosität entgegen;
GRÜN (Kobaltgrün, Blatt- oder Grasgrün)	wirkt emotionalem Streß entgegen;
BLAUGRÜN (Türkis, Smaragd, Flaschengrün)	schützt vor äußeren Einflüssen;
HELLBLAU (Leuchtend Blau, Türkis, Pfauenblau)	verhindert emotionale Auszehrung;
DUNKELBLAU (Königsblau, Marineblau, Nachtblau)	schützt vor Fehlleistungen;
MALVE (Orchidee, Pflaume, Beigerosé)	vermindert Anspannung durch Sorgen;
LILA (Traube, Blauviolett, Pflaumenlila)	Vermindert äußeren Druck;
BRAUN (Dunkelbraun, Siena, Erdbraun)	schützt gegen Unsicherheit;
SCHWARZ (Warme oder kalte Schwarztöne)	schützt gegen zu starke Sensibilität;

WEISS (Antik- oder Cremeweiß)	befreit bei zu starker Belastung;
GRAU (Holzkohlen-, Stein- oder Silbergrau)	wirkt zu starkem innerem Engagement entgegen;
SILBER (Metall oder Zinn)	schützt gegen Verlust des Selbstwertgefühls;
GOLD (Metall oder Goldtöne)	wirkt Verlusten entgegen.

Egal, ob Sie nun dunkle oder helle Töne wählen: Die Farbenergie Ihrer Kleidung hilft Ihnen. Sie sollten nicht vor bestimmten Farben zurückschrecken, weil Sie Angst haben, daß sie Ihnen nicht stehen. Blaßgelb beispielsweise wirkt als Farbe genauso wie gedämpftes Gelb oder Goldgelb. Wenn Sie in Ihrer SICA Gelb gewählt haben, aber glauben, die meisten Gelbtöne nicht tragen zu können, weil sie nicht zu Ihrer Hautfarbe passen, könnten Sie es einmal mit Elfenbein versuchen. Sie finden sicherlich einen Gelbton, der Ihnen steht. Verbannen Sie also Gelb nicht von vornherein aus Ihrer Garderobe.

Vergessen Sie nicht, daß Sie Ihre *Motivations-* und *Inspirationsfarbe* jederzeit als Akzent tragen können. Sie kann an jeder beliebigen Stelle an Ihrer Kleidung auftauchen. Bei Unterwäsche gibt es ein so großes Farbangebot, daß Sie Ihre Inspirations- oder Motivationsfarbe auch tragen können, ohne daß andere sie sehen. Das ist besonders hilfreich, wenn Sie an Ihrem Arbeitsplatz eine bestimmte Kleiderordnung beachten müssen. Vielleicht macht es Ihnen Spaß, mit Ihrer Inspirations- oder Motivationsfarbe weitere Akzente in Ihrer Kleidung zu setzen, sobald Sie zusätzliche Unterstützung brauchen. Die nachfolgenden Übersichten versuchen, Ihnen noch mehr Einblick in Ihre Energiebotschaft zu vermitteln.

Diese Farben eignen sich für Schals oder Krawatten.

MOTIVATIONSFARBE
Ich trage meine Motivationsfarbe,
um größeren Antrieb zu bekommen.

MOTIVATIONSFARBEN

Die Motivationsfarbe fördert Ziele, Beziehungen und größeren Erfolg. Sie können diese Farbe als Schmuckstück, Schal, Krawatte oder Akzentuierung Ihrer Kleidung tragen. Ihre Motivationsfarbe verhilft Ihnen zu neuer Energie, die Ihre Selbstdarstellung und Ihre persönlichen Ziele unterstützt. Motivationsfarben sind ideal zur Anregung bestimmter Ideen sowie des Selbstwertgefühls. Wenn Ihnen ein Unlustgefühl zu schaffen macht und nichts so recht gelingen will, sollten Sie sich die Wirkung Ihrer Motivationsfarbe zunutze machen, um Ihre Laune zu heben.

FARBE	Motiviert:
ROT	ein starkes äußeres Bild;
ROSA	Verantwortung;
KASTANIE	Liebe zu sich selbst;
ORANGE	Handlungen und Ergebnisse;
PFIRSICH	Nächstenliebe;
GELB	bessere Kommunikation;
MINZGRÜN	Selbstbewußtsein;
APFELGRÜN	Veränderungen;
GRÜN	klaren Blick;
BLAUGRÜN (Türkis)	Unabhängigkeit;
HELLBLAU	Kreativität;
DUNKELBLAU	Weisheit und Urteilsvermögen;

MALVE	persönliche Intuition;
LILA	Überlegenheit und Würde;
BRAUN	Stabilität;
SCHWARZ	starke Überzeugungen;
WEISS	ein individualistisches, äußeres Bild;
GRAU	den Eindruck des Selbstschutzes;
SILBER	gesteigertes Selbstwertgefühl;
GOLD	materielle Sicherheit.

INSPIRATIONSFARBEN

Die Inspirationsfarbe aus Ihrer SICA (Nummer 2) »putscht Sie auf«. Beim Einsatz dieser Farbe sollten Sie Kreativität walten lassen, denn sie wird Ihnen so manchen Dienst erweisen, wenn Sie mehr Freude haben wollen oder sich nach Romantik sehnen. Tragen Sie Ihre Inspirationsfarbe als Schal, in Ihrer Freizeitkleidung, als Abendbluse oder -hemd oder einfach immer dann, wenn Sie sich einmal ein wenig gehenlassen wollen. Genießen Sie den Augenblick, und fühlen Sie sich frei in dem Wissen, daß Ihre Inspirationsfarbe den Rest für Sie erledigt.

FARBE	**Tragen Sie sie, um:**
ROT	sich körperlich aufzubauen, emotional anzuregen;
ROSA	sich selbst zu verwöhnen, Freundschaften zu verbessern;
KASTANIE	sich selbst zu belohnen, sorgloser zu werden;

INSPIRATIONSFARBE
Wenn ich meinen rosafarbenen Pullover trage,
kann ich mich selbst stabilisieren.

ORANGE	sich zu organisieren, sich zu motivieren;
PFIRSICH	sich selbst auszudrücken, sich voller Energie zu fühlen;
GELB	eine bessere Kommunikation zu erreichen, Depressionen aufzufangen;
MINZGRÜN	sich ruhig zu fühlen, sich sorglos zu fühlen;
APFELGRÜN	neue Gelegenheiten anzuregen, sich herausgefordert zu fühlen;
GRÜN	die praktische Veranlagung zu fördern, das innere Gleichgewicht zu erhalten;
BLAUGRÜN (Türkis)	Unabhängigkeit zu fördern, eine optimistische Einstellung zu bekommen;
HELLBLAU	Kreativität anzuregen, Wahrnehmungsfähigkeit zu fördern;
DUNKELBLAU	Gefühle zu schützen, Müdigkeit zu vermeiden;
MALVE	Intuition anzuregen, innere Verwirrungen aufzulösen;
LILA	sich würdevoll zu fühlen, sich gegen Übermaß in allen Dingen zu schützen;
BRAUN	Sicherheitsgefühle zu stärken, in sich unlogische Handlungen zu ordnen;
SCHWARZ	Selbstdisziplin zu fördern, Überzeugungen zu stärken;

WEISS	Spannungen abzubauen; Individualität zu verstärken;
GRAU	Streß abzubauen, Ruhe und Entspannung zu fördern;
SILBER	Selbstachtung zu stärken, Selbstmitleid abzubauen;
GOLD	sich selbst zu belohnen, hohe Ideale zu fördern.

DIE FARBE, DIE SIE AM WENIGSTEN MÖGEN

Die Farbe, die Sie am wenigsten mögen (Nummer 6) sollten Sie nicht tragen. Sie lehnen diese Farbe ab. Wußten Sie schon, daß sie Ihnen tatsächlich körperliche Kräfte entzieht und Ihre Produktivität verringert? Wenn Sie diese Farbe in Händen halten, fühlt sie sich möglicherweise kalt an. Das liegt daran, daß Ihre Eigenenergie sich gegen die Schwingungen sträubt, die die Farbe aussendet. Verwenden Sie sie deshalb weder bei Ihrer Kleidung noch in Ihrer unmittelbaren Umgebung. Selbst wenn Sie ein tolles Kleidungsstück als unglaublich günstiges Sonderangebot gefunden haben, sollten Sie es nicht kaufen, wenn es einen ähnlichen Farbton hat wie die Farbe, die Sie am wenigsten mögen. Sie werden sich in diesem Kleidungsstück nie wohl fühlen.

In einem meiner Workshops fragte mich ein Teilnehmer, was zu tun sei, wenn der Beruf eine Kleidung in einer bestimmten Farbe erfordert oder wenn die Mietswohnung in einer bestimmten Farbe ausgestattet ist. Vielleicht scheint Ihnen das Problem jetzt, wo Sie wissen, daß Sie die Schwingungen einer bestimmten Farbe ablehnen, auch interessant zu sein. Es ist wesentlich, daß Sie eine kreative Lösung finden. Mit Ihrer Kleidung können Sie alle negativen Wirkungen ausgleichen, indem Sie die kontrastierende Farbe zu Ihrer Negativfarbe tragen. Wenn zwei Kontrastfarben zusammentreffen, neutralisiert sich die Wirkung. Gelbtöne gleichen zum Beispiel Lila aus, Blautöne Orange, und jegliche Art von Weiß einschließlich Elfenbein und Cremeweiß löscht die Wirkung eines strengen Schwarz aus.

FARBENKREIS

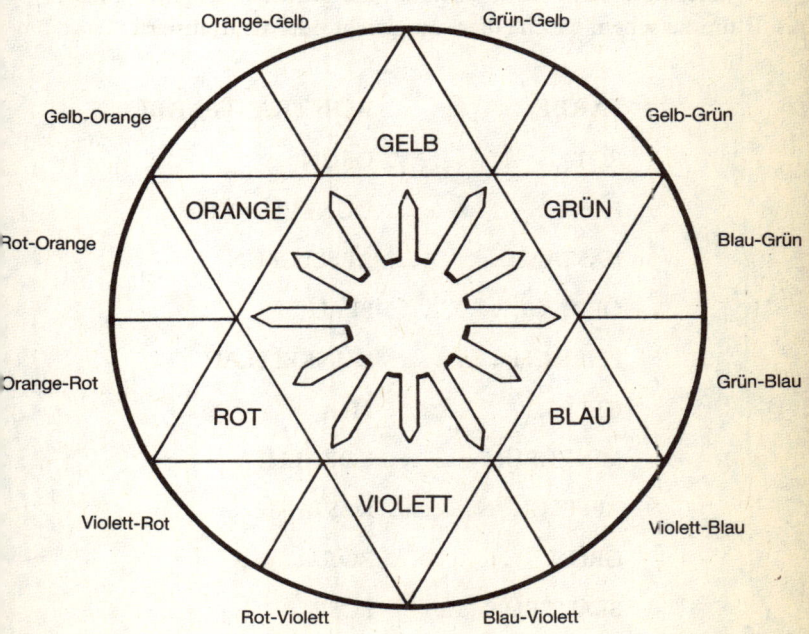

Versuchen Sie es auch in der Mietswohnung, die Ihre Negativfarbe enthält, mit derselben kreativen Technik wie bei Ihrer
Garderobe. Kontrastfarben ergeben zusammen eine neutrale
oder ausgleichende Wirkung. Legen Sie beispielsweise einen
kastanienbraunen oder burgunderroten Läufer auf einen gelb-
grünen Teppich oder blaurote Kissen auf Ihre chartreusefarbe-
ne Couch. Setzen Sie dann mit Gelb Akzente, um Ihren Farben Einheit zu geben. Statt sich gegen die Kombination zu
sträuben, werden Ihre Freunde begeistert sein.

Nachfolgend finden Sie ein Diagramm, das Ihnen die jeweiligen
Kontrastfarben der zwanzig SICA-Farben zeigt. Suchen Sie die
Farbe heraus, die Sie am wenigsten mögen (Nummer 6), und
werfen Sie dann einen Blick auf die gegenüberliegende Farbe,
um zu sehen, welche diese ausgleicht oder neutralisiert.

FARBE	KONTRASTFARBE
ROT	GRÜN
ROSA	DUNKELGRÜN
KASTANIE	APFELGRÜN
ORANGE	BLAU
PFIRSICH	DUNKELBLAU
GELB	LILA
MINZGRÜN	KORALLE
APFELGRÜN	KASTANIE
GRÜN	ROT
BLAUGRÜN (Türkis)	ROSÉ
HELLBLAU	ROST

DUNKELBLAU	PFIRSICH
MALVE	GOLD
LILA	GELB
BRAUN	MINZGRÜN
SCHWARZ	WEISS
WEISS	SCHWARZ
GRAU	KEINE
SILBER	GOLD
GOLD	SILBER

Es ist wichtig zu wissen, wie Sie Ihre eigenen natürlichen Körperfarben am besten mit Ihren SICA-Farben abstimmen. Carole Jackson betont in ihrem Buch *Color Me Beautiful,* wie sehr Sie sich bemühen sollten, sich eine individuelle Garderobe zusammenzustellen, deren Farben Ihre eigenen Naturfarben verstärken: Haut, Haare und Augen. Ihr Konzept der »saisonalen Typen« bietet Ihnen eine einfache Orientierungshilfe bei der Wahl Ihrer Kleidung. Das Frühjahr glänzt mit klaren, leuchtenden oder zarten Farben und gelben Untertönen; der Sommer fließt mit sanften Blau- oder Rosatönen dahin; der Herbst wirkt am besten in kräftigem Orange, Braun und Gold; und der Winter glitzert in leuchtenden, lebhaften oder eisklaren Farben mit blauen Untertönen.

Wenn Sie Ihren »saisonalen Typ« kennen, nehmen Sie Ihre Farbpalette zur Hand und vergleichen Sie Ihre saisonalen Farben mit Ihren SICA-Farben. Sie sollten einander nicht widersprechen. Die SICA ist Ihre »intuitive Farbpalette« und kommt aus Ihrem Innern. Ihre SICA-Farben lassen sich gut mit den Tönen Ihrer ganz persönlichen »Saisonpalette« kombinieren. Ihre individuellen und intuitiven Farbvorlieben stärken nicht nur ihr Energiepotential, sondern auch Ihre Modefarbenpalette. Achten Sie nicht nur auf gute Kleidung, sondern lernen Sie auch, Farben zu tragen, in denen Sie sich stark, ausgeglichen und sicher fühlen.

Viele meiner Kunden fragen mich, wie sie mit Hilfe der Farben ein bestimmtes Bild von sich aufbauen können. Modeberater sind sich — wie die meisten anderen professionellen Berater — häufig uneinig über die exakte Vorgehensweise, sich ein Image zu schaffen. Ohne die Theorien anderer anfechten zu wollen, möchte ich hier eine stark vereinfachende Form anbieten. Dabei werden ausschließlich Farben, nicht Stil oder aktuelle Mode, als vorherrschendes Kriterium eingesetzt. Diese Richtlinien finden Sie nachfolgend. Vielleicht entwickeln Sie sogar zusätzlich noch Ihre eigenen Kriterien, doch vergessen Sie nicht: Arbeiten Sie ausschließlich mit Farben.

FARBEN FÜR DAS GEWÜNSCHTE IMAGE

Nachfolgend sehen Sie eine Aufstellung zur Koordinierung einer oder mehrerer kontrastierender Farben, mit denen Sie ein Bild von sich erzeugen können, wie Sie einen ganz bestimmten Tag oder eine Nacht sein wollen.

GEWÜNSCHTES IMAGE	Farben
DRAMATISCH	kräftige, lebhafte Primärfarben, starke Kontraste (kombinieren Sie kräftige und intensive Farben);
ROMANTISCH	Rosa- und Rosétöne sowie Pastelltöne sämtlicher Rot- und Violettschattierun-

gen (kombinieren Sie sanfte Pastellfarben, besonders Rosa- und Rosétöne, keine harten Kontraste);

ZUPACKEND	Dunkle Blau-, Grau-, Braun-, Wein- und Lilatöne; alle Schwarztöne zusammen mit hellen Pastellblusen oder -hemden; leuchtende Akzente nur mit Schals oder Krawatten (kombinieren Sie Ihre dunkle Grundgarderobe mit sehr heller Kleidung und einem winzigen Farbtupfer);
SICHER	Erdfarben und dunkle Töne aller Farben (kombinieren Sie Erd- oder dunkle Töne mit leuchtenden Akzenten aus Gold, Elfenbein oder Weiß);
INTELLEKTUELL	Blau-, Blaugrau-, gedämpfte Blau- oder Blaugrautöne (kombinieren Sie alle Blau- oder Blaugrautöne mit den klassischen neutralen Farben wie zum Beispiel Hellgrau, Beige oder Rohweiß, verwenden Sie Streifen oder geometrische Muster in Schals oder Krawatten);
SINNLICH	alle warmen Farben (außer Gelb); verwenden Sie helle, leuchtende und dunkle Töne, besonders Rot (kombinieren Sie dominante Rot- oder Rosarottöne mit auffallend kontrastierendem Schmuck);
PASSIV	Grau und neutrales Graubraun und Blaugrau (kombinieren Sie die klassischen neutralen Farben wie Grau oder Beige mit anderen gedämpften Grautönen, vermeiden Sie starke Kontraste);

BESCHÜTZEND	nur Marineblau, Dunkelbraun und Schwarz (kombinieren Sie diese Farben mit kleinen Akzenten in den Primärfarben);
AUSGEGLICHEN	Grün, Violett, Gelb und Erdtöne zusammen mit Regenbogenfarben (kombinieren Sie beliebige Erd- oder Violetttöne mit Gold oder Gelb oder beliebige Grundfarben mit Regenbogenakzenten);
ERFOLGREICH	alle Ihre SICA-Farben (kombinieren Sie Ihre natürlichen Körperfarben mit Ihren SICA-Farben der *Inspiration,* des *inneren Ausgleichs,* der *Persönlichkeit* und der *inneren Stärke,* versuchen Sie es ruhig auch einmal mit Ihrer Bedürfnisfarbe), seien Sie Sie selbst!

Zu guter Letzt möchte ich nach der Hilfe, die die SICA bei der Zusammenstellung der Kleidung sein kann, noch eine Methode vorstellen, die die Farben zur Bewältigung von Streß einsetzt. Michelle Lussons Buch *Creative Wellness, a Holistic Guide to Total Health* beschäftigt sich mit physischen und psychischen Faktoren der Gesundheit. Die Vermeidung spezieller Farben ist ein Teil dieses Gesundheitsplanes. Es wird die Theorie vertreten, daß bestimmte Farben die Streßabwehr schwächen, wenn eine unregelmäßige Drüsenfunktion vorliegt. Wenn Sie an Schilddrüsenstörungen, Allergien oder Blutzuckerstörungen leiden, sollten Sie gewisse Farben bei Ihrer Kleidung vermeiden. Diese Farben verstärken Ihre Beschwerden, da sie stimulierend wirken und Ihren Körper aus seinem natürlichen Gleichgewicht bringen können. Wenn Sie Probleme mit der Schilddrüse haben, sollten Sie keine Rot- oder Blaurottöne im oberen Körperbereich tragen, denn sie regen ein falsches Gefühl gesättigter Energie an und vermindern Ihre Aufmerksamkeit gegenüber Ihren eigenen Bedürfnissen. Ich empfehle dieses Buch all jenen, die gerade mit körperlichen Beschwerden zu tun haben. Es wird Ihnen nicht nur helfen, sich selbst besser kennenzulernen, sondern auch dabei, gesund zu bleiben.

Testen Sie nun selbst, wie Ihre SICA-Farben und deren Energie Ihnen und Ihrer Kleiderwahl helfen können. Wenn Sie sich für eine Farbe entschieden haben, die sich noch nicht in Ihrem Kleiderschrank findet, sollten Sie sich ruhig ein Kleidungsstück gönnen und herausfinden, wie Ihnen Ihre intuitive Farbe weiterhelfen kann.

5

Farben für eine bessere Kommunikation

»Kommunikation« zu definieren ist alles andere als einfach. Sie umfaßt zu viele Bereiche, und ihre Formen und Energien sind zu unregelmäßig, um klare Grenzen ziehen zu können. Der Merriam-Webster definiert »Kommunikation« als »Akt der Übertragung, Informationsaustausch, Botschaft«. Diese Erklärung stimmt zwar, aber sie läßt den Austausch menschlicher Energie völlig außer acht. Der Durchschnittsmensch würde »Kommunikation« wohl folgendermaßen definieren: »Laß uns miteinander reden«, »Laß mich erzählen, wie's mir geht« oder »Sag mir, was es bei dir Neues gibt«. In dieser Interaktion erfolgt ein greifbarer Austausch von Energie. Die Wechselwirkung in der Farbkommunikation ist ganz ähnlich. Sie müssen eine Sprache nicht unbedingt perfekt beherrschen, auch nicht die richtigen Worte kennen, ja nicht einmal das Richtige sagen — aber Sie brauchen die beste Farbe für eine eindeutige Interaktion. Die Farben kommunizieren miteinander, sie senden Signale und Botschaften aus.

Zur Überprüfung der Vorstellung von der Farbe als Übermittlerin von Botschaften sollten Sie einige weitverbreitete Meinungen bedenken. Rot bedeutet Körperlichkeit, Stärke oder Herzensangelegenheiten. Nur selten reagieren wir auf Rot intellektuell. Rot sendet außerdem auch oft noch ein anderes Signal aus: Wettkampf bis zum Letzten.

Stellen Sie sich eine Sitzung vor, in der eine wichtige Entscheidung über die Vergrößerung einer Firma getroffen werden soll. Die Kleidung spiegelt die unausgesprochene Haltung der einzelnen Teilnehmer wider. Um den Konferenztisch herum sitzen vier Männer und zwei Frauen. Zwei der Teilnehmer tragen Marineblau, zwei Grau, einer Erdfarben und einer Rot. Welches Ergebnis der Sitzung würden Sie erwarten? Die Runde muß zu einer objektiven Entscheidung gelangen, der alle zustimmen können. Fünf der Farben strahlen kommunikative Unterstützung aus, während Rot eine emotionale Reaktion signalisiert. Diese Farbe könnte die anderen Diskussionsteilnehmer ablenken. Bei wichtigen Sitzungen sind die Farben, die die Teilnehmer tragen, von höchster Bedeutung. Sie können die Entscheidung und damit, wie in diesem Falle, die Zukunft des Unternehmens beeinflussen.

Gelb öffnet Wege nach außen und — als Kleidungsstück getragen — auch bessere Kommunikationsmöglichkeiten. Viele von uns kennen die Schwierigkeiten, die sich ergeben, wenn Kinder sich gegen ihre neue Schule, neue Pläne oder gegen den Kunst-, Musik- oder Sportunterricht sträuben. Ich wünsche mir oft, daß ich bereits damals, als meine Kinder noch klein waren, etwas über die kommunikative Kraft der Farben gewußt hätte. Gelb hätte mir helfen können, denn ich hatte einen schüchternen Sohn, dem es nach den Sommerferien schwerfiel, sich wieder im Schulalltag zurechtzufinden. Es war ihm einfach zuwider, sich mit neuen Kindern anzufreunden. Ein gelbes Hemd hätte seine Zurückhaltung unter Umständen etwas abgebaut. Da er Gelb mochte und auch ein paar Lieblingshemden in dieser Farbe hatte, hätte sie ihm vielleicht gegen seine Schüchternheit helfen können.

Zur Erweiterung Ihrer Kommunikationsfähigkeit sollten Sie

KOMMUNIKATION
Laß uns miteinander reden; wenn ich meinen gelben
Blazer trage, bin ich offen für Gespräche.

es mit Gelb versuchen: ein gelber Schal oder Gürtel, eine gelbe Bluse oder Krawatte wirken Wunder. Gelb ist so etwas wie eine Sprache ohne Worte!

Die wohl beliebteste Farbe ist Blau. In der Geschichte der Farbe läßt sich folgende Gesetzmäßigkeit verfolgen: Je technologischer eine Kultur orientiert ist, desto mehr Menschen bevorzugen die Farbe Blau. Sie ist dabei am häufigsten die Farbe des besten Autos oder des besten Anzuges und immer die bevorzugte Farbe der Männer. Warum? Alle Blautöne vermitteln folgende Botschaft: »Ich liebe meinen Verstand und handle gern logisch und praktisch.« Ich vermute, daß Blau die Farbe der linken Gehirnhälfte ist, da sie auf den Intellekt, nicht auf das Gefühl verweist. Alle Botschaften, die die Farbe Blau aussendet, verweisen auf den Verstand, denn sie beruhigt unsere Emotionen und schafft so Freiraum für den Intellekt. Deshalb spiegelt die Sprache der Farbe Blau den Geist der modernen Gesellschaft wider. In der Geschäftswelt vermittelt Blau einen unterstützenden Eindruck. Doch zuviel Blau in der Kleidung kann eine negative Nebenwirkung erzeugen, weil es die Libido, unsere körperliche Energie, vermindert. Tätigkeiten, die exaktes Vorgehen erfordern, wie zum Beispiel Buchhaltung, Computerwesen oder Sekretariatsarbeiten, erfordern zusätzliche Energie für den Körper, nicht für den Verstand. Deshalb ist Blau, ausgenommen Marineblau — dabei handelt es sich um eine höchst wirksame Unterstützungsfarbe —, für diese Bereiche nicht die ideale Farbe. Auch leuchtendes Rot hilft hier nicht viel, weil es die ganze Energie auf die Bedürfnisse des Körpers lenkt. Hier wäre eine Farbe dazwischen wohl die Lösung für eine bessere Kommunikation. Versuchen Sie es mit einer neutralen Farbe und dazu mit einem Akzent in einer leuchtenden Primärfarbe oder mit einem Ihrer Lieblingserdtöne und dazu einem blauen Akzent. Denken Sie daran: Blau unterstützt den Geist, denn es repräsentiert den Intellekt. Aber ver-

gessen Sie auch den Körper nicht — Sie brauchen ihn ebenfalls.

Auf den folgenden Seiten finden Sie zwei Übersichten. Die erste deutet die kommunikative Botschaft jeder Farbe; die zweite
zeigt Ihnen Situationen, in denen Farben die klarsten nonverbalen Signale darstellen. Suchen Sie Ihre Lieblingsfarben heraus und lesen Sie, welche Botschaft sie aussenden. Erkennen
Sie, wie die Farben Ihrer Kleidung Ihnen eine bessere Defini-
tion für »Kommunikation« liefern als das Wörterbuch. Diese
Erkenntnis ist wichtig, denn Ihre Farben bilden zusammen
mit Ihnen eine Einheit, eine kommunikative Botschaft.

ÜBERSICHT I

Botschaften der Farbkommunikation

FARBE	Botschaft
ROT	»Sieh mich an. Ich bin sinnlich und ge-fühlsbetont.«
ROSA	»Ich liebe es zu lieben, geliebt zu wer-den und andere zu umsorgen.«
KASTANIE	»Ich spiele gern und mag Spaß.«
ORANGE	»Ich habe mein Leben im Griff und ver-wirkliche gern meine Ziele.«
PFIRSICH	»Ich bin großzügig und nett und küm-mere mich gern um andere.«
GELB	»Laß uns Kontakt aufnehmen. Ich teile mich gern mit.«

MINZGRÜN	»Ich bin praktisch veranlagt, ausgeglichen und habe es am liebsten, wenn alles harmonisch ist.«
APFELGRÜN	»Ich liebe Herausforderungen und will mich von den anderen unterscheiden.«
GRÜN	»Laßt mich für die Kranken und Bedürftigen sorgen.«
BLAUGRÜN (Türkis)	»Ich bin immer optimistisch und glaube an andere.«
HELLBLAU	»Laß mich beweisen, wie kreativ und gleichzeitig analytisch ich bin.«
DUNKELBLAU	»Ich gebe gern den Ton an und treffe Entscheidungen.«
MALVE	»Ich lasse mich von meinen Intuitionen leiten, aber ich brauche auch ständig Ermutigung.«
LILA	»Ich lebe gern meine Gefühle aus und zeige anderen, was für ein toller Hecht ich bin.«
BRAUN	»Laß es mich vormachen, denn ich arbeite gern mit den Händen und bin fleißig.«
SCHWARZ	»Sag mir nicht, was ich zu tun oder zu lassen habe. Ich weiß es selbst am besten.«
WEISS	»Ich bin gern allein, auch unter vielen Menschen, denn ich brauche meinen Freiraum.«

GRAU	»Ich höre, was du sagst, aber ich will mich da nicht einmischen.«
SILBER	»Ich bin romantisch veranlagt und habe eine positive Einstellung zu mir selbst.«
GOLD	»Ich will alles: Geld, Macht und eine Spitzenstellung in der Welt.«

Farben senden nonverbale Signale aus. Wir drücken unsere Bedürfnisse durch die Farben aus, die wir tragen. Ein Mensch, der viel Rot trägt, sehnt sich vielleicht nach einer neuen Liebe oder versucht, seine körperliche Ausdauer zu steigern. Sie fragen sich möglicherweise, ob man unbedingt wissen muß, was man will, bevor man die betreffende Farbe auswählt. Viele Menschen kleiden sich gern in bestimmten Farben, ohne zu wissen, was sie wollen, oder warum sie so oft eine spezielle Farbe tragen. Um diese Frage zu beantworten, müssen Sie nur die nonverbale Körpersprache mit der Sprache der Farben vergleichen. Wenn jemand zum Beispiel im Gespräch unbewußt die Arme verschränkt, bedeutet das wahrscheinlich, daß er innerlich die Aussagen seines Gegenübers ablehnt.

Auch die Sehnsucht nach einer bestimmten Farbe sendet eine klare, nonverbale Botschaft aus. Sie steht für einen Wunsch oder ein Bedürfnis, die durch eine bestimmte Farbe befriedigt werden sollen. Wenn Sie beispielsweise zu sehr gefordert werden und zu wenig Zeit haben, entwickeln Sie unter Umständen die Neigung, dauernd Grau zu tragen. Oder Sie stellen fest, daß ein Freund, der unabhängiger werden möchte, sich einen neuen türkisfarbenen Pullover kauft. In beiden Situationen haben Sie es mit nonverbalen Farbbotschaften zu tun. Die Farbe soll Ihnen zu Hilfe kommen.

Nachfolgend finden Sie eine Liste von Situationen, in denen die nonverbalen Farbbotschaften am besten zum Tragen kommen. Sehen Sie einfach unter der Farbe nach, nach der Sie das stärkste Bedürfnis haben, und informieren Sie sich über deren kommunikative Bedeutung.

ÜBERSICHT II

Wie Sie wirkungsvoller mit anderen kommunizieren können

FARBE	Tragen Sie diese Farbe, wenn Sie:
ROT	eine Liebesbeziehung beginnen, Ihre körperliche Ausdauer stärken, größere Macht ausstrahlen, sich von anderen abheben wollen;
ROSA	sich aus Streß befreien, Ihre Weiblichkeit unterstreichen, Verantwortlichkeit für andere anregen, dem Intellekt eine Pause verordnen und auf Ihr Herz hören wollen;
KASTANIE	sich ein bißchen Spaß gönnen, eine sinnliche Beziehung beginnen, äußeren Streß abwehren, andere nicht zu sehr beanspruchen wollen;
ORANGE	sich Ihre Zeit und Energie einteilen, sich selbst motivieren, ein bestimmtes Ergebnis erzielen, Ihre körperliche Ausdauer erhalten wollen;
PFIRSICH	Ihre Großzügigkeit fördern, Ihre Energie aufbauen, aktiv Zuneigung zeigen, gute Gelegenheiten heraufbeschwören wollen;

GELB	Ihre kommunikativen Fähigkeiten verbessern,
	Depressionen bekämpfen oder verhindern,
	Ihre Wünsche unterstützen,
	sich selbst und Ihre Fähigkeiten gut verkaufen wollen;
MINZGRÜN	gefühlsmäßig zur Ruhe kommen,
	Ihrem Körper etwas Gutes tun,
	äußere Belastungen reduzieren,
	Ihre romantischen Gefühle fördern wollen;
APFELGRÜN	Ihr Wünsche wiederaufleben lassen,
	neue Interessen wecken,
	Herausforderungen und neue Gelegenheiten annehmen wollen;
GRÜN	Ihre Objektivität anregen,
	gesundheitsbewußter werden,
	unabhängige Ziele ansteuern,
	Ihre emotionale Reaktion auf Uneinigkeiten abschwächen wollen;
BLAUGRÜN (Türkis)	Ihre Unabhängigkeit fördern,
	Ihre praktischen Fähigkeiten anregen,
	Ihre geistige Flexibilität unterstützen,
	emotionalen Streß verringern wollen;
HELLBLAU	Ihre Kreativität anregen,
	Ihre Lernbereitschaft fördern,
	Hektik bekämpfen,
	Logik und analytisches Verständnis fördern wollen;
DUNKELBLAU	Ihr Gefühlsleben schützen,
	Erschöpfung bei der Arbeit verhindern,

	Ihr Wissen und Urteilsvermögen verbessern,
	Ihr Selbstbewußtsein anregen wollen;
MALVE	Ihre Intuition anregen,
	Ihren Gefühlen vertrauen,
	Ihre innere Verwirrung lösen,
	Hektik abbauen wollen;
LILA	stärker auf Ihren Glauben vertrauen,
	sich vor zu starkem Engagement schützen,
	Ihre Intuition fördern,
	äußeren Druck verringern wollen;
BRAUN	Ihre innere Sicherheit erhöhen,
	Gewichtsverluste vermeiden,
	übermäßige geistige Aktivität abbauen,
	unlogisches Handeln in die richtigen Bahnen
	lenken wollen;
SCHWARZ	sich vor äußeren Einflüssen schützen,
	unbewußte Ängste loswerden,
	Ihre Selbstdisziplin fördern,
	Ihre Überzeugungen unterstreichen wollen;
WEISS	negativem Denken entgegenarbeiten,
	individualistisch wirken,
	Muskelspannungen lösen,
	sich neuen Ideen öffnen wollen;
GRAU	äußeren Streß mildern,
	unnötiges Engagement verhindern,
	sich nach außen hin schützen,
	ruhig und passiv wirken wollen;
SILBER	Glaube und Hoffnung ausstrahlen,
	Selbstwertgefühl und Selbstachtung erhöhen,
	sich vor inneren Ängsten schützen wollen;

GOLD   materiell erfolgreich sein, hohe Ideale aufbauen,
den Wunsch nach Selbstbelohnung anregen,
Ihr Sicherheitsgefühl verstärken wollen.

Die Farbkommunikation bietet uns eine weitere bedeutsame
Möglichkeit zum Senden und Empfangen an, die unsere Beziehungen zueinander transparenter macht. Doch die Methode
ist ziemlich schwierig. Sie analysieren selbst, also bestimmen
Sie auch die Regeln. Ihre *Persönlichkeitsfarbe* wird zu Ihrer
Spielfigur.
Zeichnen Sie in der Mitte eines weißen Blattes Papier einen
Kreis. Er wird zu Ihrer Sonne, zum Zentrum Ihres Universums. Malen Sie diesen Kreis mit Ihrer Persönlichkeitsfarbe
aus. Verbinden Sie dann Ihre Sonne mit Hilfe von Strichen mit
sie umgebenden, kleineren Kreisen. Die Anzahl dieser Kreise
entspricht dabei der Anzahl Ihrer Familienmitglieder oder Ar-
beitskollegen. Damit haben Sie Ihren privaten oder beruflichen Bereich entwickelt.
Fragen Sie die betreffenden Personen, welche Farbe sie gern wären, wenn sie eine Farbe sein könnten. Dadurch wird ihr Verhältnis zu Ihnen klarer. Es wird Ihnen Spaß machen, Ihrem
Ehepartner, Ihren Kindern, Ihren engen Freunden, Ihrem
Chef oder anderen Menschen, die privat oder beruflich auf Ihr
Leben Einfluß haben, diese Frage zu stellen. Kennzeichnen Sie
den jeweiligen Kreis der betreffenden Person und schreiben Sie
ihren Namen und ihre Persönlichkeitsfarbe hinein. So wird
Ihr Farbuniversum zu einem Regenbogen. Umgeben Sie Ihre
eigene Persönlichkeitsfarbe nicht mit mehr als zehn Kreisen,
es sei denn, Sie haben eine außergewöhnlich große Familie.
Farben fördern die Kommunikation innerhalb der Familie, unter Freunden und Kollegen. Ähnlich veranlagte Persönlichkeiten wirken — genau wie Farben in einem Gemälde — zu einem

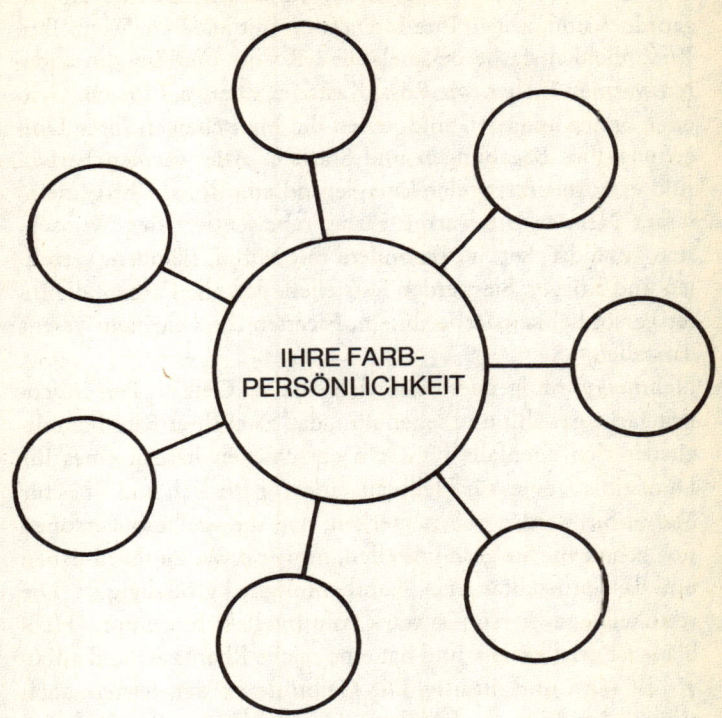

IHRE FARB-PERSÖNLICHKEIT

Die anderen Farben
sind Ihre Familienangehörigen,
Freunde oder Kollegen.

harmonischen Ganzen zusammen oder sind disharmonisch. Farben können Unstimmigkeiten aufdecken und zeigen, wie man ein besseres Verhältnis zueinander aufbauen kann.

Die Kreise, die um Ihre eigene Persönlichkeitsfarbe herum angeordnet sind, zeigen Ihre Interaktion mit anderen. Wenn Ihre Persönlichkeitsfarbe beispielsweise Rot ist und Sie von anderen warmen Farben wie Rosa, Kastanie, Orange, Pfirsich, Gelb oder Braun umgeben sind, teilen die Menschen in Ihrer Umgebung Ihre Begabungen und Stärken. Alle warmen Farben sind extrovertiert, voller Energie und emotional. Ihr gemeinsamer Nenner, die warme Farbe, repräsentiert den Wunsch, sich auszudrücken, insbesondere mit Mund, Händen, Gefühlen und Körper. Sie werden feststellen, daß alle Farben, die Ihrer Persönlichkeitsfarbe ähneln, Facetten Ihres eigenen Wesens darstellen.

Nehmen wir folgendes Beispiel: Sie haben Gelb als Persönlichkeitsfarbe gewählt und sehen nun, daß zwei Ihrer Familienmitglieder sich ebenfalls für Gelb entschieden haben, eines für Dunkelblau, eines für Hellblau, eines für Pfirsich und eines für Malve. Sie werden sofort merken, daß die »gelben« Personen sich genau wie Sie gern mitteilen, immer etwas zu reden haben und das »pfirsichfarbene« Familienmitglied großzügig ist. Die »dunkelblaue« Person ist stark vom Intellekt bestimmt, »Hellblau« ist gern kreativ und hat eine reiche Phantasie, und »Malve« ist sanft und intuitiv. Die Gelbtöne müssen lernen, auch einmal den Blau- und Malvetönen zuzuhören, Pfirsich wird Gelb gern seine Zeit schenken.

Die blauen lassen die gelben Töne sich ausdrücken, und Malve braucht Ruhe, um auf seine Intuition und Gefühle zu lauschen. Die Gelbtöne können als Vermittler zwischen Malve und Blau auftreten und so weiter. So einfach kann sich gerade innerhalb der Familie die Farbdeutung zur besseren Kommunikation gestalten.

Lesen Sie in der nachfolgenden Übersicht die Beschreibung für die Farbpersönlichkeit der Menschen nach, mit denen Sie sich gern besser verstehen würden. Wenn Ihre Persönlichkeitsfarbe ein Blauton ist, haben Sie eine gute Beziehung zu anderen kühlen Farben wie Grün oder Lila, bei denen Sie Ähnlichkeiten entdecken werden. Blautöne denken und analysieren gern und kommunizieren auf einer sehr viel indirekteren Ebene. Auch die Grüntöne denken lieber, bevor sie ihre Emotionen zeigen oder sprechen, Malve- und Lilatöne schweigen lieber und überlegen. Die kühlen Farben haben den Hang zum Nachdenken gemeinsam. Aber sie brauchen auch Rottöne, um den Strom der Energie aufrechtzuerhalten.

Wenn Sie feststellen, daß keine der Sie umgebenden Farben Ihnen ähnelt, müssen Sie alternative Wege zur besseren Kommunikation finden. Jede Farbe gibt Ihnen eine Möglichkeit, neue Einsichten in eine bessere Interaktion zu gewinnen. In der Farbdynamik gleicht Rot die Farbe Grün oder Blaugrün aus, Gelb verhilft Lila zu größerer Ausdruckskraft, und Blau beherrscht Orange und Braun oder wird von ihnen unterstützt. Da die Persönlichkeitsfarben anderer mit Ihrer eigenen Persönlichkeitsfarbe eine Wechselwirkung eingehen, ergänzen sie Sie oder regen Sie an. Wenn nicht, sollten Sie mehr Energie auf die Verbesserung Ihrer zwischenmenschlichen Beziehungen verwenden.

Nachfolgend finden Sie eine Übersicht, mit deren Hilfe Sie alle Persönlichkeitsfarben in Ihrem Farbuniversum deuten können. Lesen Sie die auf ein Wort verkürzte Interpretation jeder Farbe, und gewinnen Sie so neue Erkenntnisse über Ihr Verhältnis zu ihr oder ihm. Die Übersicht der »nonverbalen Farbkommunikation« wird Ihnen klarer machen, wie bestimmte Aspekte Ihres Wesens eine erfolgreichere Beziehung zu anderen aufbauen können.

ROT .... energisch

ROSA .... liebevoll

KASTANIE .... emotional

ORANGE .... gewissenhaft

PFIRSICH .... großzügig

GELB .... mitteilsam

MINZGRÜN .... idealistisch

APFELGRÜN .... erfinderisch

GRÜN .... gutmütig

BLAUGRÜN (Türkis) optimistisch

HELLBLAU .... kreativ

DUNKELBLAU ..... intellektuell

MALVE .... intuitiv

LILA .... sensibel

BRAUN .... hilfreich

SCHWARZ .... beschützend

WEISS .... individualistisch

GRAU .... passiv

SILBER .... ehrenhaft

GOLD .... materialistisch

II

Farben,
eine natürliche Hilfe

6

Farben für Ihre un-
mittelbare Umgebung

Wenn Sie ungern einen Innenarchitekten zu Rate ziehen oder einfach nicht das Geld dazu haben, kann die farbliche Gestaltung Ihrer Wohnung für Sie durchaus zu einem reizvollen Hobby werden. Ein Raum wirkt dann ansprechend, wenn Sie Ihre eigene Persönlichkeit einbringen und Sie sich selbst in dem Zimmer wohl fühlen.

Beim Stil der Möbel — antik, klassisch, östlich, modern oder eine harmonische Verbindung verschiedener Stile — stehen Ihnen alle Möglichkeiten offen. Die Ausstattung wird Ihnen leicht von der Hand gehen, sobald Sie sich Ihrer Farben sicher sind. Sie finden in jedem Buchgeschäft eine Auswahl von Büchern, in denen Sie die Prinzipien der guten Raumgestaltung nachlesen können. Doch die wichtigste Voraussetzung ist, daß Sie wissen, wie die Farben *Ihre* Persönlichkeit ausdrücken.

Wenn Sie die Modefarben außer acht lassen, wählen Sie vielleicht ganz instinktiv die Farben, mit denen Sie sich wohl fühlen. Schließlich sind *Sie* der beste Ausstatter Ihrer persönlichen Umgebung. Außerdem werden Ihnen die sichtbaren Beweise Ihrer Kreativität große Befriedigung verschaffen.

Gehen Sie einfach einmal durch Ihre Wohnung, tun Sie so, als wären Sie ein richtiger Innenarchitekt, und überlegen Sie, welcher Stil am besten den Menschen ausdrückt, der dort lebt.

Gewagt, elegant, konservativ, traditionell, herzlich — welches dieser Adjektive gibt am besten die Stimmung wieder, in der Sie sich am liebsten befinden? Erkennen Sie sich in Ihrer Wohnung/ Ihrem Haus wieder? Sehen Sie sich Ihr Lieblingszimmer sorgfältig an. Vielleicht halten Sie sich gern darin auf, weil die Farben Ihnen ein Gefühl des Wohlbehagens vermitteln? Haben Sie sich schon jemals überlegt, warum Ihr Ehepartner so gern in seinem Sessel sitzt oder warum Sie in warmen, pastellfarbenem Bettzeug besser schlafen als in kühlerem Blau? Denken Sie über die Antworten auf diese Fragen nach — Sie helfen Ihnen, die richtigen Farben zu wählen. Vergessen Sie nicht: Ihre eigenen Gefühle sind Ihre allerwichtigste Entscheidungshilfe bei der Farbwahl.

Deshalb sollten Sie die SICA, die Sprache der Farben, bei der Auswahl Ihrer persönlichen Farben für die Raumausstattung nutzen.

UMGEBUNGS-SICA

Sie müssen hier nur drei Fragen beantworten. Denken Sie daran, daß Sie alle Schattierungen wählen können, aber suchen Sie sich jeweils nur eine Farbe pro Antwort aus. Lassen Sie sich von Ihrer Intuition leiten.

Farbe 1   **Welche Farbe ist Ihnen am angenehmsten?**
(Schließen Sie die Augen, lassen sie sich in ein wunderbares Gefühl der Zufriedenheit fallen. Welche Farbe fällt Ihnen dabei ein?)

Farbe 2   **Welche Farbe gibt Ihnen Stärke?**
(Beschwören Sie ein Gefühl der Stärke herauf, alles um Sie herum unterstützt Sie. Welche Farbe vermittelt Ihnen dieses Gefühl?)

FARBE 1 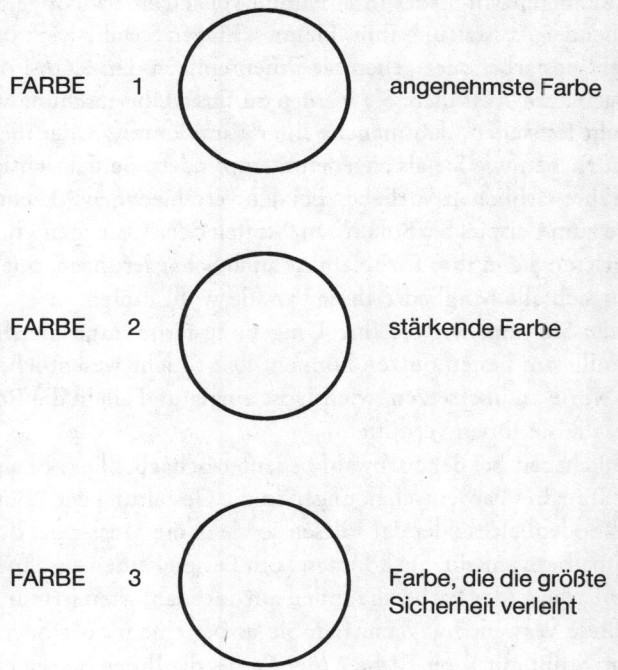 angenehmste Farbe

FARBE 2 stärkende Farbe

FARBE 3 Farbe, die die größte
Sicherheit verleiht

Farbe 3 Welche Farbe gibt Ihnen die größte Sicherheit?
(Stellen Sie sich vor, daß Sie ganz und gar zufrieden
sind; Sie brauchen nichts mehr, Sie haben bereits alles. Welche Farbe fällt Ihnen dabei ein?)

Schreiben Sie nun die Farben, für die Sie sich entschieden haben — die Farben, mit denen Sie sich am wohlsten fühlen —, auf. Sie werden Ihnen bei der Entscheidung helfen, wie Sie Ihre Wohnung/Ihr Haus einrichten wollen.

Die anderen Mitglieder Ihrer Familie spielen eine wichtige Rolle bei der Ausstattung Ihres Heimes. Fragen Sie alle nach ihrer Lieblingsfarbe, oder geben Sie ihnen einfach den SICA-Fragebogen zum Ausfüllen. Sie werden zu Ihrer Überraschung vielleicht feststellen, daß manche Ihrer Familienmitglieder dieselben Farben wie Sie als angenehm empfinden. Berücksichtigen Sie ihre farblichen Vorlieben bei den verschiedenen Akzenten, wie zum Beispiel bei Sofakissen, Stoffen oder Ornamenten. Integrieren Sie in Ihre Farbplanung auch Schattierungen, mit denen sich alle Mitglieder Ihrer Familie wohl fühlen.

Lesen Sie nun, wie Sie Ihre Umgebungsfarben und die Ihrer Familie am besten nutzen können. Es ist nicht wesentlich, sie in Worte zu übersetzen, wichtig ist einzig und allein die Energie, die sie Ihnen vermitteln.

Schlichtheit bei der Farbwahl bedeutet Behaglichkeit. Bringen Sie Ihre drei Farbentscheidungen in die Gestaltung der Wände, des Bodenbelags oder der Fliesen sowie in die Muster bei Ihren Möbelbezügen ein. Sie könnten zum Beispiel einen zarten Ton der Farbe 1 (der Farbe, die Ihnen am angenehmsten ist) für die Wände verwenden. Versuchen Sie es bei einem Sofa oder einem Stuhl mit Ihrer Farbe 2 (der Farbe, die Ihnen Stärke gibt) und bei einem Teppich mit Farbe 3 (der Farbe, die ihnen Sicherheit verleiht). Verbinden Sie sie mit interessanten Akzentuierungsfarben, die Ihr farbliches Spektrum aus der SICA ergänzen. Sie könnten als Akzentuierungsfarbe sogar Ihre Persönlichkeitsfarbe (Nummer 1 aus Ihrem Selbstporträt) benutzen.

Entscheiden Sie, wie Ihr Zuhause wirken soll: künstlerisch, einladend, warm, dramatisch. Fangen Sie dann an, den Raum mit einer dominanten Farbe auszustatten, die in allen Schattierungen, von sehr hell bis sehr dunkel, auftauchen kann. Setzen Sie eine andere Farbe bei den Möbeln, bei einer akzentuierenden Tapete oder Wandverkleidung oder bei Ihrem Teppich ein. Ihre dritte Farbwahl verbindet Farbe 1 und 2 harmonisch oder kontrastierend oder einfach dadurch, daß sie dem Raum eine zusätzliche Note der Geborgenheit verleiht.

Wenn Ihre Umgebungsfarben der SICA zum Beispiel Braun, Hellblau und Gelb sind, könnten Sie sämtliche Schattierungen von Braun für Wände oder Teppiche verwenden. Kombinieren Sie diese dann mit blauen Stühlen oder mit Stühlen mit blauem oder goldgelbem Bezug. Runden Sie das Ganze schließlich mit gelben Kissen ab. Ihr Raum wirkt dann behaglich und vermittelt Stärke und Sicherheit — er ist also perfekt eingerichtet. Vielleicht entscheiden Sie sich auch für eierschalenfarbene oder zartgelbe Wände mit einer Einrichtung in Blau- oder Erdtönen und bringen Ihre Farben mit einem üppigen Teppich zu einer harmonischen Einheit. Achten Sie darauf, daß Ihre Farben Ihre positiven Gefühle unterstreichen. Ihre Lieblingsräume müssen einladend wirken, denn Sie müssen sich darin wohl fühlen. Schließlich spiegeln Ihre Farben Ihre Persönlichkeit wider.

Designer betonen immer wieder: »Richten Sie Ihr Zuhause als etwas sehr Persönliches, als Spiegelbild Ihrer selbst ein.« Ihr Wohnzimmer, der Eßbereich und Ihre Küche vermitteln ein bestimmtes Bild von Ihnen. Die Farben in Ihrem Heim sprechen eine genauso deutliche Sprache wie Ihr Auto oder Ihre Lieblingskleidung.

Wenn Sie über Ihre persönliche Farbwahl nachgedacht und immer noch das Gefühl haben, daß Sie farbliche Schwierigkeiten bei der Gestaltung Ihrer Wohnung/Ihres Hauses haben, können Sie Ihr persönliches Selbstporträt der SICA auch noch auf andere Art zur Lösung Ihrer Probleme einsetzen.

Blättern Sie zu Ihrem Selbstporträt zurück und sehen Sie sich die Farben, die Sie für Diagramm I gewählt haben, noch einmal genau an. Stellen Sie sich die Frage: »Mag ich die Farben, die ich für Diagramm I ausgesucht habe?« Könnten Sie drei davon herausgreifen und damit Ihr Heim einrichten? Schließlich handelt es sich dabei um Farben, die Ihr Image nach außen repräsentieren. Das heißt, daß Sie sie möglicherweise auch gern in Ihrem Zuhause hätten. Wenn Ihnen Ihre Gefühlsfarben nicht so gut gefallen, versuchen Sie es einfach mit Ihren Imagefarben. Verwenden Sie aber keinesfalls die Farbe, die Sie am wenigsten leiden können, in Ihrer Wohnung.

Eine weitere einfache Methode der Farbwahl sieht so aus: Suchen Sie zusammen mit Ihrem Ehepartner, Gefährten oder Mitbewohner ein Gemälde aus, in dem Farben vorhanden sind, die Sie beide mögen und die Sie sich beide gut in Ihrer Umgebung vorstellen können. Fragen Sie sich, ob Sie diese Farben als angenehm empfinden und ob Sie Ihnen ein Gefühl der Sicherheit vermitteln. Wählen Sie dann drei Farben aus dem Kunstwerk und gestalten Sie damit Ihr Zuhause. Bauen Sie jene »angenehmen Gefühle« um die Farbe des Kunstwerkes herum auf, die Ihnen am besten gefällt.

Ich will Ihnen jetzt die interessante Geschichte eines Ehepaares erzählen, das ein Problem mit Farben hatte, und wie es gelöst wurde.

Vor ein paar Jahren rief eine junge Dame im Büro an, um mich zu fragen, ob ich ihr dabei helfen könnte, eine Streßsituation aufzulösen. Offenbar hatten sie und ihr Mann erst vor kurzem ein Haus gekauft und konnten sich nun nicht über die Farben für die Einrichtung einigen. Die Lieblingsfarbe des Mannes war Blau, er konnte Grün überhaupt nicht ausstehen. Sie hingegen liebte Grün und haßte Blau. Das ist ein Problem, das ganz typisch für einen neuen Lebensabschnitt, beispielsweise den Kauf eines Hauses, ist. Plötzlich wird aus einer Mücke ein Elefant.

Die Ergebnisse ihrer jeweiligen SICA waren äußerst aufschluß-reich. Die Persönlichkeitsfarbe des Mannes war tatsächlich Blau; die Farbe, die er am wenigsten mochte, war Grün. Seine Frau jedoch wählte (privat wie beruflich) Grün als Persönlich-keitsfarbe und fühlte sich bei zuviel Blau unwohl.

Der Schlüssel zur Lösung des Problems lag für beide in der Far-be Gold. Beide hatten nämlich Gold als die Farbe gewählt, die ihnen Sicherheit und Behaglichkeit vermittelt. Daraus ergab sich ein recht einfacher Einrichtungsplan. Im ganzen Haus wurde ein goldgelber Teppichboden verlegt, die Wände wur-den rohweiß mit goldfarbenen Akzenten gestrichen und die Einrichtungsgegenstände in Goldgelb, gedämpften Grünblau-tönen, mit Holz, Bast und Grünpflanzen ausgestattet.

Nun können Sie damit beginnen, Ihre Farben bei der Einrich-tung Ihrer Wohnung einzusetzen. Lesen Sie sich die Anregun-gen in der folgenden Übersicht durch, und werden Sie zu Ihrem eigenen Innenarchitekten. Wenn Sie sich noch immer unsicher fühlen sollten, ziehen Sie einen professionellen Raumausstatter zu Rate. Aber vergessen Sie dabei nicht Ihre persönlichen Farben — schließlich repräsentieren sie Ihre Per-sönlichkeit!

EINFACHE MÖGLICHKEITEN
DER FARBGESTALTUNG

Hier finden Sie einige Anregungen für die Verwendung Ihrer Lieblingsfarben in einzelnen Räumen, ohne daß Sie sich dabei über Fragen des Designs den Kopf zerbrechen müssen. Fangen Sie mit einem kleinen Raum an, in dem Sie sich gern aufhal-ten. Lassen Sie die Energie und die wohltuende Optik Ihrer SICA-Farben auf sich wirken.

1. Richten Sie sechzig Prozent des Raumes — Wände und Boden, egal ob Teppich, Fliesen oder Holz — in verschiedenen Tönen und Schattierungen einer einzigen Lieblingsfarbe ein.

2. Fügen Sie weitere dreißig Prozent — Vorhänge und Bezüge — in Ihrer zweitliebsten Farbe hinzu.

3. Setzen Sie bei den restlichen zehn Prozent — bei Bildern, Vasen und Kissen — Akzente in Farben, die alle Angehörigen Ihres Haushalts als angenehm und stärkend empfinden.

4. Wiederholen Sie Farben, um innerhalb eines Raumes oder zwischen den Räumen eine Einheit zu schaffen.

5. Denken Sie daran, daß auch Holz und andere Naturprodukte Farben sind. Holztöne, Stoffe, Ziegel oder Steine — Sie sind ebenfalls Teil Ihres farblichen Gesamtbildes und der Gestaltung Ihres Raumes.

6. Auch die — natürliche und künstliche — Beleuchtung Ihres Raumes, den Sie gestalten, beeinflußt die Farben. Sie wirken im Tageslicht anders als bei verschiedenen Arten von Kunstlicht. Warmes Licht läßt warme Farben wärmer erscheinen, während kühles Licht die Farben grauer aussehen läßt. Das Gegenteil geschieht mit kühlen Farben. Wenn die Räume, die Sie ausstatten, sehr dunkel sind, sollten Sie Ihre Farben nicht im Freien oder in hellerleuchteten Räumen aussuchen. Am besten wählen Sie sie in dem Raum, für den sie bestimmt sind.

7. Leuchtende, kräftige Primärfarben wie Rot und Gelb und leuchtende Blautöne verkleinern den Raum optisch. Verwenden Sie diese Farben deshalb eher als Akzente oder bei kleineren Möbelstücken.

Ein mit den Farben für Freude, Unterstützung und
Sicherheit schön gestalteter Raum.

8. Helle Farben und Pastelltöne lassen einen Raum größer und heller wirken. Sie sollten sie daher für kleinere Räume benutzen. Pastellfarben wirken außerdem entspannend.

9. Auch Weiß ist eine Farbe, und Sie sollten sie in Ihre Überlegungen zu Ihren drei Gestaltungsfarben einbeziehen. Denken Sie daran, daß Ihr Raum recht leer und kalt wirken kann; wenn Sie ihn ausschließlich in Weiß gestalten. Setzen Sie folglich zwei weitere Farben ein, um ihm Lebendigkeit zu verleihen.

10. Verwenden Sie jeweils mindestens zwei Farben, um Kontraste zu schaffen. Wenn Sie den Kontrast gering halten, indem Sie nur verschiedene Töne derselben Farbe verwenden, wirkt Ihr Raum ruhiger und luftiger.

11. Warme Farben wie Rot, Gelb, Orange und Braun erzeugen eine wärmere Atmosphäre in einem Raum. Kühle Farben wie Blau, Lila und Grau senken die Temperatur des Raumes und lassen sich wie eine natürliche Klimaanlage einsetzen. Doch ein Wort zur Warnung: Zuviel Blau in einem Raum bringt Sie zum Frösteln!

Lassen Sie Ihrer Kreativität freien Lauf, und genießen Sie Ihr schön eingerichtetes Zuhause.

FARBEN FÜR BESONDERE UMGEBUNGEN

Vielleicht wollen Sie nun mehr darüber erfahren, wie Sie am besten Kindergärten, Kinderzimmer oder Räume für ältere Menschen gestalten können. Wenn Sie das Gefühl haben, daß die Einrichtung eines Raumes besondere Aufmerksamkeit verdient, handelt es sich dabei um eine besondere Umgebung.

Sehen wir uns diese besonderen Umgebungen nacheinander an. Falls Sie den Eindruck haben, daß Ihnen diese Anregungen bei Ihren persönlichen Bedürfnissen weiterhelfen, sollten Sie auch damit experimentieren.

1. Von der Geburt Ihres Kindes bis es etwa sieben Jahre alt ist, gestalten Sie als Eltern sein Zimmer. Sie müssen dabei darauf achten, daß Sie das Kinderzimmer nicht zu unruhig einrichten. Leuchtende, intensive Farben wie kräftiges Rot, Orange und Gelb kann zu sehr stimulieren, während zartes Gelb, Pfirsich oder Rosa sich eher eignet, da diese Farben beruhigen. Grüntöne wirken ebenfalls beruhigend, doch sind sie nicht unbedingt das Richtige für Kinderzimmer. Blau ist zwar die traditionelle Farbe für Jungen, doch manche Blautöne können sehr kalt wirken, so daß diese Farben für Neugeborene nicht geeignet sind. Sie können Blau auf positive Weise einsetzen, um ein hyperaktives Kind zu beruhigen, aber diese Farbe bietet kaum körperlichen oder seelischen Trost. Versuchen Sie es lieber mit einer anderen Wandfarbe im Zimmer Ihres Sohnes und setzen Sie lediglich blaue Akzente bei den Möbeln und anderen Kleinigkeiten.

Wenn Sie das Geschlecht des Kindes vor der Geburt noch nicht kennen, wählen Sie am besten zartes Gelb und fügen nach der Geburt ein paar kräftige Farbakzente hinzu. Ihr Baby fühlt sich wohl mit weichen, hellen Tönen und wird erst im Laufe seiner weiteren Entwicklung sensibler für die Farben, die es umgeben. Wenn Sie sich viel mit Ihrem Kind abgeben und ihm eine warme, behagliche Atmosphäre schaffen, wird es Ihnen diese Wärme später im Leben immer wieder danken.

2. Wenn Ihr Kind zwischen sieben und vierzehn Jahre alt ist, sind Sie als Eltern noch immer die Gestalter, doch Ihr Kind wird jetzt zu Ihrem Hauptberater. Fragen Sie es nach seiner

Lieblingsfarbe und nach der Farbe, mit der es sich am wohlsten fühlt. Gehen Sie auf seine Bedürfnisse ein, und ermutigen Sie es zur eigenen Ausstattung seines Zimmers. Wenn Ihr Sohn Rosa und Lila gern mag, sollten Sie ihn gewähren lassen, er hat sicher einen Grund für seinen Wunsch. Stimmen Sie zu, und bestätigen Sie ihn in seiner Wahl. Scheue, sensible Kinder beiderlei Geschlechts lieben die sanften, intuitiven Farben. Wenn Ihr Kind leuchtende Blau- und Rottöne mag, sollten Sie seine Bedürfnisse anerkennen. Auch dies hat sicher seinen Grund. Vielleicht verlangt es einfach nach mehr farblicher Unterstützung, um stärker und lebhafter zu werden.

3. Als älterer Mensch von siebzig oder mehr Jahren benötigen Sie auf jeden Fall einen besonderen Ausgleich und eine besondere Unterstützung durch die Farbe. Wenn Sie kalte Füße haben oder sich niedergeschlagen fühlen, können Sie sich die Wirkung der Farben zunutze machen. Warme Farben beeinflussen kühle Umgebungen, und sanfte Gelb- und Lachstöne verhindern überdies Einsamkeit und Depressionen. Die Meinung, daß ältere Menschen eine spezielle Vorliebe für Lila haben, ist unsinnig. Violett und Malve sind vielmehr keineswegs die besten Farben für ältere Menschen, weil sie unter Umständen zum Grübeln veranlassen. Für Wände und Akzente bei Möbeln sind helle Rosa-, Lachs-, Gelb-, Blaugrün- und Beigetöne am besten geeignet. Sie verschaffen ein Gefühl der Behaglichkeit und des Trostes. Sobald die Haare weiß werden, ist der richtige Augenblick für mehr Farbe in der persönlichen Umgebung gekommen.

4. Der Raum, dem Sie bei der Gestaltung die größte Aufmerksamkeit schenken sollten, ist das Bad. Schon die Griechen und Römer wußten um die verjüngende und erholsame Wirkung des Bades. Verbringen Sie nicht auch gern Ihre Zeit dort und genießen es, stundenlang in der Wanne zu liegen? Ihr

Tag beginnt im Bad. Um ihn gut anzufangen, sollten Sie darauf achten, daß die Farben, die Sie dort verwenden, stimulierend wirken. Verwandeln Sie Ihr Bad in eine Heilquelle, in der Sie sich entspannen und sich die Energie für einen langen Tag holen können. Die Farben sollten Sie anregen und Ihnen einen Energieschub versetzen.

Als Hauptfarbe fürs Bad sollten Sie etwas Stimulierendes wählen. Verwenden Sie diese Farbe in all ihren Schattierungen und Tönen. Akzentuieren Sie das Bad mit den Farben der anderen Familienmitglieder oder Mitbewohner, damit sie sich darin genauso wohl fühlen wie Sie selbst. Nachfolgend finden Sie eine Aufstellung inspirierender Farben.

FARBEN FÜR DIE GESTALTUNG DES BADEZIMMERS

ROT	Kirsche-, Scharlach- oder Chinesischrot (KÖRPERLICH)
ROSA	alle Rosatöne, leuchtendes Rosa, Pflaume (ROMANTISCH)
KASTANIE	Wein-, Burgunder- oder Preiselbeerrot (SINNLICH)
ORANGE	Rötlich Orange, Orange, gebranntes Orange (ORGANISIERT)
PFIRSICH	Aprikose, Pfirsich, Lachs (EMOTIONAL STÜTZEND)
GELB	Zitronen-, Sonnen- oder Honiggelb (FRÖHLICH)
MINZGRÜN	Meergrün, Minze, Aqua (BERUHIGEND)

APFELGRÜN	Mai-, Gras-, Apfel- oder Nilgrün (STIMULIEREND)
GRÜN	Smaragd- oder Blattgrün (HEILEND)
BLAUGRÜN (Türkis)	Türkis, Meer- oder Flaschengrün (FRIEDLICH)
HELLBLAU	Türkis, Baby- oder Pfauenblau (GELASSEN und HEITER)
DUNKELBLAU	Königs-, Marine- oder Nachtblau (ZUPACKEND)
MALVE	Orchidee, Pflaumenrot, Beigerosé (SENSIBEL)
LILA	Traube, Blauviolett, Pflaume (WÜRDEVOLL)
BRAUN	Beige, Hellbraun, Siena, Erdtöne (UNTERSTÜTZEND)
SCHWARZ	alle Schwarztöne (MODERN oder STRENG)
WEISS	alle Weißtöne (SCHLICHT, aber STERIL)
GRAU	Stein-, Silber- oder Holzkohlengrau (RUHIG)
SILBER	Metall oder Zinn (FEUDAL)
GOLD	Metallic- oder Goldtöne (ELEGANT)

CHROMATISCHE PLANUNG
AM ARBEITSPLATZ

Haben Sie sich am Arbeitsplatz schon einmal gefragt, wie Sie Ihre unmittelbare Umgebung dort ansprechender und zufriedenstellender gestalten könnten? Vielleicht sollten Sie etwas Neues für Ihren Schreibtisch kaufen, um ihn ein wenig abwechslungsreicher zu machen. Die meisten Menschen, die für den Staat, in der Industrie, im Verkaufs- oder Dienstleistungsgewerbe arbeiten, haben wenig oder gar keinen Einfluß bei der Gestaltung ihres Arbeitsplatzes. Zum Glück ist hier ein Gesinnungswandel eingetreten. In letzter Zeit werden die Bedürfnisse der Angestellten häufiger in die Überlegungen mit einbezogen und die Büros angenehmer und benutzerfreundlicher gestaltet.

Bei Büro und Zuhause liegt, vergleichbar der freien Natur und der schützenden Unterkunft, die Betonung auf ganz unterschiedlichen Aspekten. In unserer Wohnung erholen wir uns, ruhen uns aus und sind schöpferisch, wogegen wir im Büro arbeiten, produzieren, Dienstleistungen erbringen, Probleme lösen und — wenn überhaupt — nur selten eine Ruhepause einlegen. Bei der Arbeit verbrauchen wir mehr »Energie« als zu Hause. Das gilt jedoch nicht unbedingt für Hausfrauen oder -männer, da ihre Rolle als Mutter oder Vater dieselbe Ausdauer wie eine Ganztagsbeschäftigung erfordert. Jedenfalls sollten Sie Ihre Umgebung dort, wo Sie am meisten Energie einbringen, etwas farbiger gestalten.

Damit Ihre persönlichen Farben am wirkungsvollsten zur Geltung kommen, sollten Sie sie in unmittelbarer Nähe Ihres Arbeitsplatzes (etwa in einem Radius von einem Meter) einsetzen: auf einem Tisch, Schreibtisch oder Stuhl, mit einem Kunstwerk oder als Akzentfarbe, jedenfalls immer an einem Ort, wo Sie die Farben im Blickfeld haben. Denn Ihre Farben können Ihnen die nötige Energie liefern, die Sie brauchen, um sich an Ihrem Arbeitsplatz wohl zu fühlen und Ihr Bestes zu leisten.

Sie können Ihre persönlichen Farben zum Beispiel aus Ihrem SICA-Selbstporträt wählen: Farbe 2, Ihre Inspirationsfarbe, und Farbe 3, Ihre Farbe des inneren Ausgleichs und der Sicherheit. Wenn Ihre Farbe des inneren Ausgleichs beispielsweise Kastanie ist, können Sie sie im Büro bei Ihrem Schreibtischstuhl, in der Tapete, einem Teppich oder sogar in Form einer kleinen Figur auf Ihrem Schreibtisch verwenden. Wenn Sie keinen Einfluß auf Ihre unmittelbare Arbeitsumgebung nehmen können, sollten Sie immer irgendeinen kastanienfarbenen Gegenstand bei sich tragen, vielleicht einen Füller, den Sie während der Arbeitszeit auf den Schreibtisch legen können. Jeder beliebige Gegenstand in Ihrer Farbe des inneren Ausgleichs kann Ihnen dabei helfen, sich bei der Arbeit wohler zu fühlen. Sie könnten es sogar mit einem kastanienfarbenen Notizzettelhalter, einem Tintenlöscher oder einer Vase versuchen. Um Energie aus Ihrer persönlichen Farbe zu beziehen, müssen Sie sie nicht unbedingt überall um sich haben. Schon der eine oder andere Tupfer genügt, um Ihnen während des Tages Energie zu verschaffen.

Sie sollten auch Ihre Inspirationsfarbe, Nummer 2 aus Ihrer SICA, an Ihrem Arbeitsplatz verwenden. Nehmen wir einmal an, daß diese Farbe in Ihrem Fall Gelb ist. Sie können sie als Block, Buch, Übertopf, Namensschild, Lieblingskaffeetasse oder als irgendeinen anderen Gegenstand in Ihr Büro integrieren. Die Farbe Gelb verhilft Ihnen dann wie ein guter Freund zu besserer Kommunikation und zündenderen Einfällen bei der Arbeit.

Manche meiner Klienten fragen mich, was sie tun sollen, wenn ihr Arbeitsplatz ausgerechnet in der Farbe gestaltet ist, die sie am wenigsten mögen. Das passiert unglücklicherweise relativ häufig und macht sofortige und umfassende Abhilfe erforderlich. Am besten gehen Sie mit Ihrer ungeliebten Farbe so um, daß Sie so schnell wie möglich Ihre persönlichen Farben, die Ihnen Sicherheit verleihen, in Ihren Arbeitsplatz integrieren. Außerdem sollten Sie Farben tragen, die die Energiewirkung der Farbe, die Sie am wenigsten mögen, neutralisieren. Blättern Sie noch einmal zu dem Kapitel »Ihre Farben« und zu dem Abschnitt »Die Farbe, die Sie am wenigsten mögen« (S. 112) zurück und lesen Sie nach, wie Sie die Wirkung am besten mit der Kontrastfarbe neutralisieren. Ein Nachteil dabei ist, daß Sie wahrscheinlich ziemlich häufig dieselben Farben tragen müssen, aber wenigstens fühlen Sie sich dann an Ihrem Arbeitsplatz wohl und arbeiten effektiv.

Zu guter Letzt finden all jene Unternehmer, die Ihre Dienstleistungen oder Produkte durch Farben mit einem positiven kommunikativen Image ausstatten wollen, nachfolgend noch eine Liste von Farben für den Dienstleistungs- und Marketingbereich. Diese lassen sich in Kombination mit den persönlichen SICA-Farben gut als Akzentfarben auf Visitenkarten, in Firmenzeichen oder kreativen Entwürfen der Firma verwenden. Hier sind einige Definitionen und Beispiele für Imagegestaltung mit Farben:

FARBE	Dienstleistung oder Produkt, die mit folgendem Bereich zu tun haben:
ROT	KÖRPERLICHKEIT (Sport, Fitneßklubs, Tanz- oder Eßlokale, politische Vereine oder Organisationen)
ROSA	WEIBLICHKEIT UND ZÄRTLICHKEIT (Mode, Kosmetik, Hilfsdienste, kirchliche Organisationen, Säuglingsdienste und -produkte)

IHR SELBSTPORTRÄT

DIAGRAMM I		DIAGRAMM II	
FARBE	1	FARBE	A
FARBE	2	FARBE	B
FARBE	3	FARBE	C
FARBE	4	FARBE	D
FARBE	5	FARBE	E
FARBE	6	FARBE	F
FARBE	7	FARBE	G

KASTANIE   SINNLICHE GENÜSSE
(Unterhaltung, Videos, Autos, Raumausstattung, Kunst, Spielcasinos, Getränke)

ORANGE   HOCHLEISTUNG
(Architektur, Werkzeug und Dienstleistungen im Baugewerbe, Schnelldienste und zeitsparende Produkte)

PFIRSICH   WOHLTÄTIGKEIT
(Dienstleistungen und Erzeugnisse für Kinder, Schulen oder Wohltätigkeitsorganisationen)

GELB   KOMMUNIKATION
(Gelbe Seiten, alle Dienstleistungen und Erzeugnisse der Kommunikations- und Unterhaltungsindustrie, besonders im Verkauf)

LEUCHTENDE GRÜNTÖNE   INNOVATION
(Dienstleistungen und Produkte für die Selbstverwirklichung, Diätkliniken, Selbsthilfezentren)

ALLE GRÜNTÖNE   GESUNDHEIT, NAHRUNGSMITTELINDUSTRIE UND PFLANZENGESCHÄFTE
(Bioläden, gemütliche Restaurants, Floristen)

HELLBLAU   KREATIVITÄT
(Design und Kunst, kreative Erzeugnisse, Hilfsdienste bei Problemen, Computerprodukte und -dienste)

DUNKELBLAU   MANAGEMENT
(Geschäftswelt, Erziehung, Erzeugnisse und Dienstleistungen im Management)

MALVE ODER LILA	GEISTIGES UND INTUITION (Ausbildung für oder Dienstleistungen im Fürsorgebereich, Sensibilität für Bedürfnisse)
BRAUN	ERZEUGNISSE UND DIENSTLEISTUNGEN DES VERSORGUNGSSEKTORS (Unternehmen, die Sicherheit bieten und Produkte des täglichen Bedarfs liefern)
SCHWARZ	AUTORITÄT (Sicherheits- und Schutzdienste, Gesetztheit, Strenge und Distanz)
WEISS	INDIVIDUALITÄT UND HYGIENE (läßt sich besser bei Erzeugnissen als bei Dienstleistungen einsetzen, weil die Farbe dort ein Gefühl der »Einsamkeit« vermittelt)
GRAU	PASSIVITÄT UND ERDVERBUNDENHEIT (Reparaturdienste und -erzeugnisse im häuslichen Bereich; Stein- und Erdprodukte)
SILBER	EHRENHAFTIGKEIT UND WÜRDE (Dienstleistungen im juristischen Bereich, Geldverleihe, Bürgerrechtsorganisationen)
GOLD	SICHERHEIT UND WOHLSTAND (Makler, Bankiers, Händler, Luxusgüter und -dienstleistungen)

7

Farbenergie — eine natürliche Energiequelle

(Farbtips für Stimmungen, Einstellungen und Wohlbefinden)

Kennen Sie das Gefühl, »mit dem linken Fuß aufgestanden« zu sein? Nichts klappt. Dann brauchen Sie eine Farbe, die Ihnen für diesen Tag etwas Energie verleiht. Die Energie der Farben hilft Ihnen dabei, etwas für Ihre gute Laune zu tun, wenn Sie es nur zulassen. Farben können Ihnen überhaupt ein besseres Lebensgefühl vermitteln, denn sie stärken Sie bei all Ihren Aufgaben. Sie stehen Ihnen gegen Depressionen, Verzweiflung und Niedergeschlagenheit bei. Farben können den Blutdruck heben (Rottöne) und Hyperaktivität beruhigen (Grüntöne). Deshalb müssen Sie sich nur für eine Farbe entscheiden, die Ihre täglichen Energiebedürfnisse befriedigt.

Die richtigen Farben ermutigen, stärken und unterstützen Sie. Wie Sie bereits gesehen haben, regen manche an, geben ein Gefühl der Sicherheit, schützen und können Verhaltensweisen verändern. Sie helfen Ihnen dabei, Ihre Aufgaben effektiv zu erledigen und Ihr Ego zu stärken. Sehen Sie in der nachfolgenden Aufstellung nach, welche Farbe Ihnen bei problematischem Verhalten oder schwierigen Stimmungen hilft.

Verwenden Sie diese Farbe in Ihrer Garderobe als Akzent, zum Beispiel als Schal, Krawatte oder Gürtel. Wenn Sie mehr Farb-

energie brauchen, sollten Sie es mit Kombinationen (beispielsweise einer Bluse oder einem Hemd) versuchen. Aber tragen
Sie das Kleidungsstück nicht ohne eine andere Stützfarbe. Sie
können alle Töne oder Schattierungen Ihrer Farbe dazu einsetzen, um sich »aufzuputschen« oder Ihr Verhalten zu verändern.

FARBE	**Gefühl oder Einstellung, die Sie verän-** **dern wollen:**
ROT	mangelnde körperliche Energie, mangelnde Stärke und Mutlosigkeit, das Ge- fühl, abgelehnt oder nicht geliebt zu werden, negatives Denken;
ROSA	Gefühl, nicht mit sich selbst im reinen zu sein, Unfähigkeit, andere zu lieben oder ihnen zu helfen, mangelnde Sensibilität gegenüber den eige- nen Bedürfnissen, emotionale Traumata;
KASTANIE	zu wenig Liebe zum Leben, Intoleranz gegenüber anderen, Angst davor, häßlich zu sein und nicht ge- liebt zu werden, emotionale Unsicherheit in Beziehungen;
ORANGE	mangelnde Vitalität, mangelnde Motivation, Unsicherheit bei den persönlichen Zielen, Unfähigkeit, etwas zu Ende zu bringen;

PFIRSICH	mangelnde Energie, Unfähigkeit, die eigenen Emotionen zu kontrollieren, mangelnde Sensibilität für die Bedürfnisse anderer, niedrige Blutzuckerwerte;
GELB	Verzweiflung oder Depression, Einsamkeit oder Gefühl des Alleinseins, Mangel an offener Kommunikation, Gefühl der Frustration oder Ohnmacht;
MINZGRÜN	unbeherrschter Zorn, Groll, mangelnde emotionale Kontrolle, mangelnde Geduld;
APFELGRÜN	Mangel an neuen Gelegenheiten, zu starke emotionale Belastungen, zu starke Belastung durch Probleme anderer;
GRÜN	emotionale Verwirrung, mangelnde Scharfsichtigkeit und zu wenig Verständnis, Zorngefühle, mangelnde emotionale Stabilität;
BLAUGRÜN (Türkis)	Hoffnungslosigkeit, mangelnder Glaube, Verwirrung, Wunsch nach Optimismus;
HELLBLAU	geistige Trägheit, Unfähigkeit, klarzusehen, mangelnder Sinn fürs Praktische, Unentschlossenheit;

DUNKELBLAU Angst vor dem Unbekannten,
Identitätskrisen,
Unfähigkeit, Führungspositionen zu über-
nehmen,
Nervosität und Angst vor Reisen;

MALVE Erschöpfung durch zu vieles Sprechen,
Wunsch nach emotionaler Entspannung,
mangelnde Intuition,
Abbau von Ängsten;

LILA Unterlegenheitsgefühle,
mangelnder innerer Friede,
Schuldgefühle,
übertriebene Sorge wegen eingebildeter Probleme;

BRAUN emotionale Unsicherheit,
mangelnde körperliche Ausdauer,
Zukunftssorgen,
existentielle Probleme;

SCHWARZ Wunsch nach zusätzlichem emotionalem
Schutz,
Überempfindlichkeit gegenüber der Umge-
bung,
zu starke Reaktion auf emotionalen Streß,
Angst, ausgenützt zu werden;

WEISS Übertriebene Sorge oder geistige Verwirrung,
Wunsch nach zusätzlichem geistigem Schutz,
Angst davor, schlechten Gewohnheiten zu
verfallen,
Wunsch nach mehr Zeit und Freiheit;

GRAU	Übermächtige Streßgefühle, Angst vor Verletzung des Privatbereichs, zu starkes emotionales Engagement, geistige Erschöpfung;
SILBER	Mißtrauen gegenüber anderen, mangelndes Selbstwertgefühl, Gefühl der mangelnden Leistungsfähigkeit;
GOLD	Gefühl, ständig ausgenützt zu werden, mangelnde Gelegenheit zur Weiterentwick- lung, Angst vor Leistung und Erfolg, Unsicherheit gegenüber materiellen Gewin- nen.

Ich habe viele herzliche Briefe erhalten, die von der Fähigkeit der Farben zur Veränderung von Meinungen und zur Streßbewältigung zeugen. Ich möchte Ihnen hier einige davon zeigen.

(Brief 1 — von einer städtischen Angestellten, einer Sozialarbeiterin)

Liebe Dorothee,
ich möchte Ihnen nur sagen, wie sehr ich Ihre Hilfe und Ihr Verständnis schätze. Die SICA und die Farben, die meine positive Einstellung unterstützen, haben mich im letzten Monat, nach dem Tod meines Mannes, immer wieder aufgerichtet. Es geht mir inzwischen wieder bes-

ser, und ich trage sehr gern die Farbe Gelb, die Sie mir gegen Depressionen empfohlen haben.

Jedesmal, wenn ich mich dabei ertappe, wie ich über die Vergangenheit nachgrüble und mich von Selbstmitleid überwältigen lasse, ziehe ich meinen gelben Pullover oder meine gelbe Bluse an. Danach fühle ich mich besser, und ich möchte Ihnen für diese Anregung ganz herzlich danken. Auch mein Mann setzte die Farben bewußt ein, um Einsamkeit oder Kummer zu bekämpfen. Es tröstet mich zu wissen, daß sie ihm in seinen letzten Tagen geholfen haben.

(Brief 2 — vom Leiter einer High-School)

Liebe Dorothee,
ihre Ratschläge haben neue Lebendigkeit in unsere Schule gebracht. Die wunderschönen Farben machen Personal und Schüler gleichermaßen stolz und regen die Kreativität an. Über die Jahre hinweg haben Schüler, Lehrer und Büroangestellte zahlreiche Klassenzimmer und Büros gestrichen. Unsere Hausmeister haben auch freiwillig die graphische Gestaltung der Flure übernommen, die schon oft gelobt worden ist.

Als Leiter der Schule habe ich so viele positive Reaktionen erfahren, daß ich mich an dieser Stelle bei Ihnen bedanken möchte. Viele davon betreffen das Auftreten und die Einstellung der Schüler und kommen von Eltern, Lehrern und Besuchern unserer Schule.

Ich bin Ihnen zutiefst dankbar für Ihren fachmännischen Rat. Henry J. Kaiser hat einmal gesagt: »Wenn Ihre Arbeit für sich selbst spricht, sollten Sie sie nicht unterbrechen.« Wenn ich die Schulflure entlanggehe, spricht Ihre Arbeit (die Farbe) zu mir. Ganz herzlichen Dank.

(Brief 3 — vom Personalchef eines großen Unternehmens)

Liebe Dorothee,
es hat mir Spaß gemacht, meine Garderobe durchzuschauen und neu zusammenzustellen, um mich so in meinen besten Farben präsentieren zu können. Sie haben mir tatsächlich zu einer anderen Einstellung verholfen. Ich habe gemerkt, daß die Kollegen hier an meinem Arbeitsplatz »sich herausputzen«, und zwar nicht nur die Damen, sondern auch die Herren. Ich bin mir sicher, daß meine SICA auf sie abgefärbt hat. Weil ich mir »meiner« Farbe jetzt bewußter bin, trage ich meine Kleidung mit größerer Selbstsicherheit.
Ich habe mich außerdem selbst besser kennengelernt. Doch die SICA hat mir auch zu einem tieferen Verständnis anderer verholfen. Es ist mir eine sehr große Hilfe, die richtige Farbe zur richtigen Zeit zu tragen.
Nochmals herzlichen Dank für eine höchst lohnende Erfahrung. Wir hoffen — natürlich abhängig von unserem Budget im nächsten Jahr — noch mehr von unseren Angestellten Ihre SICA anbieten zu können.

(Brief 4 — von einem Organisator von Kirchenveranstaltungen)

Liebe Dorothee,
dank Ihrer Auswahl der Farben für den Altarraum und andere Bereiche der Kirche haben wir nun eine neue farbliche Gestaltung, neue Buntglasfenster und auch eine neue Einstellung. Es ist kaum zu glauben, daß unsere Kirche bis vor einem Jahr noch die gleichen, »ganz normalen« Farben hatte wie die meisten anderen Gotteshäuser: Nachdem jedoch der Altarraum in den Farben gestaltet war, die Sie vorgeschlagen hatten, beschlossen

der Pfarrer und die Gemeinde, daß auch die Buntglasfenster erneuert werden sollten.

Innerhalb von drei Monaten gelang es uns, einen Künstler zu beauftragen, der unsere besonderen Buntglasfenster entwarf, auf denen die Hauptreligionen der Welt dargestellt sind. Die Fenster wurden ebenfalls innerhalb dieses Zeitraumes eingesetzt, und — was natürlich noch wichtiger war — die Gemeinde brachte die gesamten Kosten von 13 000 Dollar für dieses Unternehmen auf. Gleichzeitig wurden der Gemeindesaal und der Eingangsbereich umgestaltet. Außerdem wurde die Außenfassade völlig neu gestrichen, und die gesamte Kirche wurde endlich verschönert.

Abgesehen von den veränderten Farben besteht jetzt innerhalb der Gemeinde ein Gefühl der Verpflichtung und Gemeinschaft, das es letztes Jahr noch nicht gegeben hatte. Ich schreibe diese innere Veränderung den räumlichen Veränderungen zu. Wir haben jetzt eine Kirche, auf die die Gläubigen stolz sein können. Ich glaube, daß Ihr Beistand bei der Wahl der richtigen Farben uns den richtigen Weg zur Erfüllung unserer geistigen Aufgabe gewiesen hat.

Diese Briefe zeugen von der Hilfe, die viele Menschen aus den unterschiedlichsten Berufen durch die Farben erfahren haben. Die Farben unterstützten sie im Kampf gegen den Alltagsstreß. Egal, ob sie nun an der Wand oder bei der Kleidung benutzt wurden — der bewußte Einsatz der Farben konnte bei der Befriedigung bestimmter Bedürfnisse helfen.

8

Farben und ihre Beziehungen zur Heilkunst

Die Geschichte der Farbe ist von Anfang an eng mit der von Heilkunst und Naturwissenschaften verbunden. Die Farbe galt vom alten Ägypten über die griechischen Inseln bis nach Italien und Rom als ein Ausdruck der Gesundheit. Pythagoras, Hermes, Hippokrates, Demokrit, Aristoteles, Galen — sie alle und noch viele mehr betrachteten die Farbe als »äußeren Ausdruck« eines inneren pathologischen Zustandes. Die Ärzte Pythagoras in Griechenland und Galen in Rom beschäftigten sich unabhängig voneinander und zeitlich einige Jahrhunderte auseinander mit den Farben. Pythagoras soll Farben und Musik dazu eingesetzt haben, Krankheiten zu heilen, während Galen glaubte, daß die äußere Anwendung von Farben die Heilung innerer Beschwerden fördern konnte. Hippokrates, der berühmte Arzt, dessen Schwur noch die heutigen Ärzte folgen, fand heraus, daß die Hautfarbe des Patienten mit dem Gesundheitszustand in Verbindung steht. Seine Theorie besagte, daß gerötete Haut Kreislauferkrankungen, eine gelbe Tönung Magen- oder Leberprobleme und eine blaue bis schwarze Färbung der Haut tödliche Krankheiten anzeigte. Er legte diese Diagnosemethode vielen seiner Behandlungs- und Arzneiempfehlungen zugrunde.

Wenn ich in der Zeit zurückreisen könnte, würde ich am liebsten den persisch-islamischen Philosophen und Heiler Avicenna, den Vater der Farbtherapie, besuchen. Obwohl er weitab von Griechenland und Rom lebte, beeinflußte dieser engagierte Mann ganz Europa. Er setzte die Farbe nicht nur zur Diagnose ein, sondern auch zur Heilung. In seinem Werk *Canticum de Medicina* würdigte er die Farbe als höchst wichtiges Heilmittel. Er wickelte seine Patienten sogar in rote Tücher, um ihre Blutzirkulation anzuregen. Avicenna war in ganz Europa wegen seines roten Umhanges bekannt, den er als Arztkittel trug. Später ahmten englische Ärzte seine Kleidung, jedoch bedauerlicherweise nicht seine Heilmethoden, nach. Es vergingen Hunderte von Jahren, bis die Farbtherapie wieder anerkannt wurde.

Die Heilung durch Farben gewann aufgrund der Bemühungen von Edwin D. Babbitt, einem Mystiker, Künstler und Arzt im ausgehenden neunzehnten Jahrhundert in Amerika wieder an Bedeutung. Wie Avicenna unterstrich auch Dr. Babbitt den Zusammenhang zwischen Farbe und Medizin. In seiner Zeitschrift *The Principles of Light and Color,* die im Jahre 1878 erschien, wählte er die drei Primärfarben Rot, Gelb und Blau als die grundlegenden Heilstrahlen aus. Er glaubte, daß jede Farbe eine entgegengesetzte Farbe hatte, die den Körper wieder ins Gleichgewicht zurückbringen konnte. Wenn ein Mensch beispielsweise zu emotional (rot) reagierte, behandelte er ihn mit grünem Licht, das ihn beruhigte und ausgeglichener machte. Obwohl der größte Teil seiner Forschungen damals von der Schulmedizin verworfen wurde, werden sie heute ernsthaft überdacht, und ihr grundsätzlicher Wert wird anerkannt.

Dieses Kapitel beschäftigt sich besonders damit, wie man Farben einsetzen kann, um den Gesundungsprozeß auch von außen her zu unterstützen. Kunsttherapien befassen sich schon seit längerem mit der Erforschung und Erklärung der emotionalen Bedeutung von Farben und Formen. Doch es gibt nur wenige Informationen über die Möglichkeit, mit Hilfe bestimmter Farben in der Kleidung gezielt gegen Probleme anzugehen. Manche Therapeuten glauben, daß ein übermäßiger Anteil von Schwarz in der Kleidung auf etwas Negatives hinweist, aber das ist nicht wissenschaftlich erwiesen. Denn Schwarz muß nicht unbedingt schlecht sein. Man kann diese Farbe auch im positiven Sinn, als Schutz bei ausgeprägter Sensibilität, einsetzen.

Sie können die elektromagnetische Energie der Farben kreativ verwenden, um Ihre Genesung zu beschleunigen. Alle Menschen strahlen Energiefelder aus, die 1939 von dem sowjetischen Fotografen und Wissenschaftler Semjon Kirlian entdeckt und »Koronaentladungen« genannt wurden. Seine »Strahlungsfeldfotografien« zeigten, daß Blätter von Pflanzen, Münzen, Schmuck und die menschlichen Gliedmaßen Energiefelder besitzen. Wir sind von Energieschwingungen umgeben, die für das menschliche Auge unsichtbar sind. Wir strahlen sie aus, so wie wir die Hand ausstrecken oder Insekten die Fühler. Denken Sie nur daran, wie es zwischen Ihnen und einem geliebten Menschen »knistert« oder an die Ausstrahlung starker Persönlichkeiten. Das beweist den Austausch von Energie.

Viele große europäische Maler, wie zum Beispiel Fra Angelico und Giotto in Italien, haben versucht, diese menschlichen Energiefelder darzustellen. Sie malten sie zwar verschieden in Form und Größe, doch sie stellten sie sich als Erweiterung des menschlichen Körpers vor. Diejenigen unter Ihnen, die sich mit den »New-Age«-Philosophien beschäftigt haben, wissen bereits, daß wir abgesehen von unserem Körper aus Fleisch und Blut auch einen »Energiekörper« haben. Beide reagieren auf Stimulation von außen. Die frühen Künstler, die für diese Auffassung empfänglich waren, malten die menschliche Aura. Die Zukunftsforscher gehen davon aus, daß die Wissenschaft

DAS MENSCHLICHE ENERGIEFELD

beide Körper für die Erhaltung und Verbesserung der Gesundheit nutzen wird. Dieses Kapitel will Ihnen verstehen helfen, wie Ihre Energiefelder auf Farbe reagieren.

Die Farben wirken zusammen mit Ihren Schwingungen und erzeugen so Ausgleich, Schwächung oder Unterstützung. Wenn Sie Schmerzen haben und diese auf natürliche Weise lindern wollen, ist die Energie einer Farbe vielleicht genau richtig für Sie.

Nachfolgend finden Sie eine Übersicht, die Ihnen zeigt, wie Sie die Farben am besten bei Ihrer Kleidung einsetzen, um eine heilende Wirkung zu erzielen. Nicht alle Erkenntnisse in dieser Richtung sind bisher von Forschung und Wissenschaft bestätigt. Doch im ganzen Land beschäftigen sich Naturheilkundler mit der heilenden Wirkung von Farben und machen sich diese bereits zunutze. »Farben haben zusammen mit ausgewogener Ernährung und Sport schon die Gesundheit und Streßbeständigkeit zahlloser Patienten erhöht«, schreibt Michelle Lusson in ihrem Buch *Creative Wellness, a Holistic Guide to Total Health*. Diese und ähnliche Aussagen tragen allmählich dazu bei, daß immer mehr Menschen an die heilende Kraft der Farben glauben.

HEILENDE FARBEN

FARBE	Gut bei:	Nicht gut bei:
ROT	Rückenschmerzen, Erkältung und Grippe, allen Verstauchungen und Muskelbeschwerden, Verbrennungen;	Erkrankung der Herzkranzgefäße (statt dessen: Blaugrün);

ROSA	Herzkrämpfen oder Angina, Kreislaufproblemen, Bluterkrankungen, Asthma;	Gewichtsproblemen (statt dessen: Dunkelblau);
KASTANIE	Frauenleiden (z.B. Menstruationsbeschwerden), steifem Hals, Hautproblemen, schmerzenden oder kalten Füßen;	Schilddrüsenerkrankungen (statt dessen: Pfirsich);
ORANGE	Arthritis oder steifen Gelenken, Verstopfung, Beschwerden im unteren Rückenbereich;	Hyperaktivität, Alkoholismus (statt dessen: Hellblau);
PFIRSICH	Diät, Darmbeschwerden, Verdauungsproblemen;	Kopfschmerzen (statt dessen: helle Lilatöne);
GELB	Nebennierenschwäche, Blasen- oder Nierenbeschwerden, Nahrungsmittelallergien;	Drogenabhängigkeit, Leber-/Gallenblasenbeschwerden (statt dessen: Braun);
MINZGRÜN	Fieber, Magenschmerzen, Infektionen, Sinusbeschwerden;	Nebennierenschwäche, Streßbekämpfung (statt dessen: Kastanie);

GRÜN	hohem Blutdruck, Kolitis oder Durchfall, Augenproblemen, Gewichtsproblemen;	Allergien (statt dessen: Goldtöne, sattes Gelb);
HELLBLAU	Sonnenbrand, Problemen bei der Speicherung von Flüssigkeit, rauhem Hals, Hyperaktivität;	Schlaflosigkeit oder Schlafstörungen, psychischem Streß (statt dessen: satte Rosatöne);
DUNKELBLAU	Beinkrämpfen, Schilddrüsenbeschwerden, eingeschränktem Geruchs- oder Geschmackssinn, Problemen mit der körperlichen Koordination;	Lungenbeschwerden (statt dessen: zartes Gelb);
LILA	Kopfschmerzen, Drogenabhängigkeit, Schlafproblemen, zu starker sexueller Erregtheit;	Frauenbeschwerden, besonders bei Krämpfen (statt dessen: Rot);
BRAUN	Gewichtsabnahme, Hypoglykämie oder Diabetes, weiblichen Hormonstörungen, schwachem Knochenbau;	Darmproblemen (statt dessen: Pfirsich);

SCHWARZ	Muskelschwächen, Drüsenüberfunktion, übermäßiger Nervosität;	Depressionen oder schlechter Laune (statt dessen: Gelb);
GRAU	Muskelverspannungen, streßbedingten Erkrankungen, schlechter Verdauung und Aufgedunsenheit, Entzündungen und Schwellungen;	Schmerzen im unteren Rückenbereich (statt dessen: Kastanie);
WEISS	Juckreiz, Hautentzündungen oder Hitzeallergien, Muskelkrämpfen, Ohrenschmerzen;	Verdauungsproblemen (statt dessen: Pfirsich oder Blaugrün).

9

Sprache der Farben
— Sprache der Welt

Im Zeitalter der Satellitenkommunikation zwischen den Kontinenten werden auch die Farben und ihre Energien zu einem Medium des allgemeinen Austausches. Die SICA ist so etwas wie ein Wörterbuch und eine Grammatik der Sprache der Farben, einer neuen Form der nonverbalen Kommunikation. Manche von Ihnen haben bereits ihre persönlichen Reaktionen auf Farben entdeckt, während andere, die gern mehr über sich selbst erfahren wollen, ihre Farbsensibilität noch ausloten. Die SICA gehört zu den neuen Formen der nonverbalen Kommunikation. Für Menschen, die sich selbst analysieren wollen, ist die SICA ein unkompliziertes Mittel zur Ermittlung des Selbstporträts. Sie macht Spaß und ist so einfach wie das Malbuch eines Kindes.

Die Kunststudenten, die bei der Entwicklung der SICA halfen, entdeckten, daß die SICA sie selbst motivierte, sich an neuem Wissen zu orientieren und auch einmal nach den Sternen zu greifen. Viele Menschen haben das SICA-Selbstporträt genutzt, um ihre privaten und beruflichen Beziehungen zu verbessern. Es läßt sich auch als Ratgeber für Ihr persönliches Image heranziehen, damit Sie das Beste aus sich selbst machen können. Wenn Sie mit sich selbst nicht zurechtkommen oder einfach noch eine kleine Hilfe brauchen, können

Ihnen Ihre Farben wieder zu innerem Gleichgewicht verhelfen.

Ich hoffe, daß Sie mit dem vorliegenden Buch eine neue Möglichkeit gefunden haben, sich Ihrer Begabungen durch die Sprache der Farben und die Verwendung Ihrer persönlichen Farben bewußter zu werden. Außerdem wollte ich Ihnen zeigen, wie die Farben selbst als natürliche Energie Ihnen — sogar körperlich — helfen können, zu besserer Verständigung führen und Ihnen vor allen Dingen zu neuen Einsichten über sich selbst verhelfen. Teilen Sie diese Erkenntnisse mit anderen!

Bibliographie

Avicenna, *Canticum de Medicina,* Das Lehrgedicht über die Heilkunde, Berlin 1939

Babbitt, Edwin D., *The Principles of Light and Color,* zuerst erschienen 1878, East Orange, NJ; wird derzeit von Citadel Press, Secaucus, NJ, neu herausgebracht

Birren, Faber, *Color, a Survey in Words and Pictures, From Ancient Mysticism to Modern Science,* Secaucus, NJ, University Books, 1963

Graham, F. Lanier, Hg., *The Rainbow Book,* Vintage Books, New York 1979

Gruner, O. Cameron, *A Treatise on the Canon of Medicine of Avicenna,* London, Luzac & Co., 1930

Jackson, Carole, *Color me beautiful: Entdecken Sie Ihre natürliche Schönheit durch Ihre Farben!* Bern/Stuttgart, Hallwag, 1985

Kandinsky, Wassily, *Über das Geistige in der Kunst,* Bern 1980

Lüscher, Dr. Max, *Der Lüscher-Test. Persönlichkeitsbeurteilung durch Farbwahl,* Reinbek b. Hamburg, Rowohlt, 1971

Lusson, Michelle, *Creative Wellness, a Holistic Guide to Total Health,* New York, Warner Books, 1987

Die Schriften und Theorien dieser Pioniere auf dem Gebiet der Farben und Farbforschung regten mich an, meine eigenen Theorien in der Praxis anzuwenden und meinem Glauben treu zu bleiben: *Farbe ist eine Weltsprache.*